Johannes F. Brakel

Buschmann, Buddha, Tuareg

Johannes F. Brakel

Buschmann, Buddha, Tuareg

Menschen, Länder und Kulturen in Afrika und Asien

Verlag Freies Geistesleben

Herausgegeben von der Pädagogischen Forschungsstelle
beim Bund der Freien Waldorfschulen

Johannes F. Brakel ist Lehrer für Biologie, Chemie und Erdkunde. Durch viele Exkursionen in die Lebensräume interessanter Tiere und Pflanzen sind die Botanik und die Zoologie zu seinen Spezialinteressen geworden. Im Verlag Freies Geistesleben ist von ihm auch das Pflanzenbuch *Birken, Mohn und Baobab* sowie das Tierbuch *Biber, Buntspecht und Delphine* erschienen.

1. Auflage 2009

Verlag Freies Geistesleben
Landhausstraße 82, 70190 Stuttgart
Internet: www.geistesleben.com

ISBN 3-7725-2298-7

Sämtliche Fotos stammen von Johannes F. Brakel, außer Seite 36, 56, 68, 105, 111, 114, 120, 125: Michael Martin (www.michael-martin.de); 82: Fritz Poelking / blickwinkel.de; 219: Postkartenmotiv; 244: die bildstelle / Rex Features Ltd.
Einbandgestaltung: Thomas Neuerer unter Verwendung
eines Fotos von Johannes F. Brakel
Gesamtherstellung: Stürtz GmbH, Würzburg

Inhalt

I. AFRIKA

5. Namibia 102

II. ASIEN

1. Thailand – «Land der Freien» 129

2. Kambodscha 182

3. Sri Lanka – die «erhaben leuchtende» Insel 201

4. Japan – wo die Sonne ihre Wurzeln hat 221

I. AFRIKA

1. Hadzábe – die Buschmänner Tansanias

Auf Jagd

Sechs Uhr morgens: Es ist stockdunkel. Wir suchen mit einer Taschenlampe mühsam den schmalen Pfad, verlaufen uns zwischen den Büschen und Felsbrocken. Wir pfeifen immer wieder – endlich ertönt ein Antwortpfeifen, sodass wir die richtige Richtung erkennen. Auf der Hügelkuppe, hinter einer Gruppe großer Granitbrocken, lodern fünf oder sechs Feuer. Noch steif von der Kühle der Nacht wärmen sich die Hadzábe dicht am Feuer hockend auf: um das eine Feuer fünf Jäger, um ein anderes die Frauen, die Alten und Kinder. «Mutaná» – «Mutanabá!», begrüßen wir uns auf Hadza.

Allmählich dämmert der wolkenverhangene Himmel etwas auf. Fünf Jäger rüsten sich, rücken ihr Stirnband aus Pavian- oder Wildkatzenfell zurecht, ergreifen ihren Bogen und so viele Pfeile, wie sie mit einer Hand fassen können, und laufen los. Zwei flinke, magere Jagdhunde folgen. Wir müssen uns beeilen, sie nicht zu verlieren, denn sie laufen schnell: doppelt so schnell wie ein normaler Wanderer. Der scharfe Trab macht ihnen Spaß. Sie tragen nur Sandalen aus alten Autoreifen und stolpern doch nicht – nicht über die Felsbrocken, nicht über die Wurzeln und nicht im Sand des ausgetrockneten Flussbettes. Wir bleiben immer wieder an den scharfen, rückwärts gekrümmten Haken der Akazien hängen, die uns das Hemd und manchmal die Haut aufreißen. Doch die Jäger schlüpfen unberührt davon hindurch.

Dabei achten sie nicht nur auf den Boden und die Dornen, sondern behalten auch ständig den Himmel über ihnen, die Kronen der Akaziengebüsche und den Hang des nächsten Hügels im Auge und horchen auf jedes Geräusch. Steht dort ein Kudu* hinter dem Busch oder eine Impalaantilope? Hockt dort ein Klippschliefer** zwischen den Felsen? Raschelt es im Laub der Akazien vom Wind oder etwa von einem Eichhörnchen? Gluckern in der Ferne einige Perlhühner, oder läuft dort etwa Wasser?

Am anderen Ufer des trockenen Flussbettes steht regungslos ein Dikdik.*** Rasch legt der Jäger einen Pfeil mit scharfer Eisenspitze auf, spannt den Bogen mit Kraft, zielt und lässt die Sehne schnellen. Knapp verfehlt! Das Dikdik verschwindet im Gebüsch. Der Jäger sucht den verschossenen Pfeil, denn der ist wertvoll, und er wird ihn noch brauchen. Unverdrossen und gut gelaunt geht es in schnellem Schritt weiter. Die Fünf haben sich verteilt. Sie pfeifen, wenn sie sich aus den Augen verloren haben.

Große Aufregung: Der jüngste Jäger, der vielleicht acht Jahre alt ist (kein Hadzábe weiß, wie alt er ist), hat ein Eichhörnchen entdeckt. Gerade die Kinder sind gute Jäger. Auch wenn sie noch nicht so sicher zielen und nicht so viel Kraft haben, den größten Bogen zu spannen, so haben sie doch die aufmerksamsten Augen. Das Eichhörnchen hüpft über die Äste einer Akazie. Schnell haben die Jäger den Baum umstellt. Aber das Eichhörnchen springt flink auf den nächsten, verschwindet von da aus im dichten Gebüsch. Doch ebenso schnell sind die Jäger dort, umstellen es von allen Seiten. So geht es hin und her. Die Jäger haben die weiteren Wege, müssen schneller als das Eichhörnchen sein.

* *Kudu:* Dunkelbraun gefärbte Waldantilope mit einzelnen dünnen, weißen Streifen, die vom Rücken nach unten laufen, und großem, gedrehtem Gehörn.

** *Klippschliefer*: Sieht ähnlich aus wie ein Murmeltier, lebt zwischen den großen Felsblöcken der afrikanischen Trockengebiete, ist aber unglaublicherweise am nächsten mit dem Elefanten verwandt.

*** *Dikdik:* Winzige, zierliche Antilope mit großen Augen und großen Ohren – ein Lieblingstier der Buschmänner.

Die Jagd mit Pfeil und Bogen ist die wichtigste Aufgabe der jungen Männer.

Jetzt sitzt es für einen Moment still. Ein Jäger legt den Pfeil mit der hölzernen Spitze auf, schießt, und das durchbohrte Eichhörnchen fällt herab.

Uns tut das kleine, freundliche Eichhörnchen leid, aber die Jäger freuen sich: wird es doch später ihr erstes Frühstück sein. Der erfolgreiche Jäger klemmt es mit dem Kopf unter den Gürtel seiner Hose, und weiter geht es.

Eine Pavianspur im Sand – doch sie ist bereits von gestern. Die Kuduspur ist frisch, aber der Kudu mit dem schraubig gedrehten Gehörn ist schon davon. Nach zwei Stunden haben die Jäger außerdem einen Hornvogel, zwei Tauben und zwei Mausvögel an ihren Gürteln baumeln. Damit waren sie nicht sehr erfolgreich, doch für das Frühstück genügt es. Gestern hatten sie auf einem entfernteren Hügel einen Kudu erlegt, ein großes Tier mit viel Fleisch. Es war zu schwer, um es ganz mitzunehmen. So hatten sie nur wenige Streifen herausgeschnitten und den Rest hoch in einen Baum gehängt, um ihn heute abzuholen. Doch jetzt ist von dem Kudufleisch nichts mehr übrig. Nur die Trittspuren der Hyänen im Sand unter dem Baum verraten, wer es geschnappt hat.

Nach drei Stunden erreichen wir einen mächtigen Baobab.* Sein Stamm ist so dick, dass ihn die Fünf nicht umspannen könnten. In drei Meter Höhe klafft ein schmaler Spalt im Stamm, aus dem einzelne Bienen herausfliegen. Die Jäger freuen sich, denn jetzt, am Ende der Regenzeit, haben die Bienen viel Nektar gesammelt und für die lange, nun folgende Trockenzeit als Honigreserven angelegt.

Die Jäger hocken sich auf den Boden. Einer hält die breite Messerklinge als Unterlage fest. Darauf liegt ein Stück weiches, trockenes Holz. Ein anderer setzt ein Stück Hartholz anstelle der Metallspitze eines Pfeils ein. Dann fasst er den Pfeilschaft mit flach aneinanderliegenden Händen und dreht ihn, indem er die Hände schnell gegeneinander vor und zurück bewegt. Dabei drückt er den Pfeil fest auf das weiche Holz. Die Hände rutschen am Pfeilschaft nach unten. Das wiederholt er unablässig: Schnell wird das trockene Holz durch die Reibung heiß und glüht. Ein paar dürre Späne oder etwas herumliegender trockener Mist kommen dazu. Der Jäger bläst vorsichtig. Nach weniger als einer Minute brennt die Flamme, auf die ein paar Zweige und etwas später Äste gelegt werden. Wenn das eine Ende gebrannt hat und nur noch raucht,

* *Baobab:* Affenbrotbaum, ein afrikanischer Steppenbaum mit einem sehr dicken, flaschenförmigen Stamm und kurzen Ästen.

In einem hohlen Baobabstamm haben die Jäger Honig entdeckt und holen die goldenen Waben heraus. ▷

nimmt einer der Jäger es am anderen Ende in die Hand. In die andere Hand nimmt er die primitive Axt, schlägt sie in das weiche Holz des Baobab und klettert den Stamm hinauf. Die rauchenden Zweige steckt er in die Stammhöhlung. Das mögen die Bienen gar nicht. Sie kommen brummend heraus, sammeln sich um die Höhlung, setzen sich auf Kopf, Schultern und Rücken des Jägers und stechen ihn. Der greift indessen bis zur Schulter tief in die Höhlung und holt golden leuchtende Waben hervor, die von süß-klebrigem Honig triefen. Jeder bekommt von den aromatischen, köstlichen Honigwaben etwas ab. Der Jäger pflückt sich die stechenden Bienen gelassen ab. Die gestochenen Stellen schwellen dick an, scheinen ihm aber nicht wehzutun.

Jetzt ist der Nächste daran, Waben herauszuholen – und so reihum. Zum Glück werden wir nicht aufgefordert, dasselbe zu tun – und bekommen doch von dem Honig ab. Morgen werden die Jäger wiederkommen und ein Gefäß in einer geflochtenen Tragehalterung mitbringen, um mehr Honig zu holen. Denn wilder Honig ist eine der größten Köstlichkeiten.

Es gibt kein Wasser. Die Fünf lecken sich die honigverklebten Hände ab und reiben sie mit Sand und Staub ein, um sich zu säubern. Das Feuer ist indessen heruntergebrannt. Die Jäger rupfen eine vorhin erlegte Taube und legen sie auf die noch glühende Holzkohle. Den Mausvogel legen sie ungerupft daneben, sodass die Federn verschmoren. Bald sind beide Vögel kohlschwarz. Die Jäger brechen die verkohlte Haut auf und essen das würzige Fleisch als Frühstück. Es schmeckt ihnen sehr gut! Die Innereien bekommen die beiden mageren Hunde.

Schnell bei der Jagd, schnell beim Laufen, schnell beim Essen: Nach wenigen Minuten ziehen die Jäger die Glut des Feuers auseinander. Aufzuräumen brauchen sie nicht, den Abfall müssen sie auch nicht entsorgen. Was an Zweigen, verkohlten Ästen und Holzasche übrig bleibt, wird bald von Pilzen und Bakterien zersetzt und vom Boden wieder aufgenommen. Bevor sie aufbrechen, schneiden sie von einem danebenstehenden Strauch noch einige meterlange, fingerdicke und unverzweigt gewachsene Äste ab und nehmen sie mit.

Eine weitere Stunde durcheilen wir mit den fünf Jägern die von Dornbüschen bestandene Savanne.* Doch nur noch einen schnell am Boden laufenden Frankolin** erreicht ein Pfeil des Jägers.

Das Lager

Nach insgesamt vier Stunden, es ist inzwischen zehn Uhr, erreichen wir eine Gruppe von Baobabbäumen, die mit ihren bizarr in den Himmel gereckten Ästen etwas Schatten spenden. Einige trockene Büsche stehen dazwischen, daneben sind Felsen und Sand. Erst jetzt erkennen wir das Lager wieder, von dem wir im Dunkeln aufgebrochen sind. Die Jäger hocken sich unter eine hervorspringende Felsplatte, wo sie auch die Nacht verbracht haben. Sie haben geschwind wieder ein Feuer entfacht und sich auf Fellen oder Steinen darumgesetzt. Die Jagdbeute spießen sie auf kurze, angespitzte Äste, die sie neben die Glut stecken, wenn das Feuer niedergebrannt ist. Schnell ist das Fleisch geröstet. Alle bekommen etwas davon ab, nicht nur die Jäger selbst.

Jetzt erst sehen wir, dass einige der umherstehenden trockenen Büsche gar keine Büsche sind, sondern Zweige und wilde Sisalstauden, die zu einem Rund aneinandergelehnt sind. Andere Zweige liegen darüber: ein lockeres Gebilde, durch das man hindurchschauen kann. Vor der nächsten Regenzeit wird der Besitzer noch mehr Zweige darauf-

* *Savanne:* Landschaftsform mit einzelnen, locker stehenden Bäumen, zwischen denen Gras wächst. Je nachdem, wie viel Regen fällt, stehen die Bäume dichter oder lockerer zusammen. In den trockensten Savannen wachsen nur noch Dornsträucher.

** *Frankolin*: Eine Art Wüstenhuhn, das bei Gefahr nicht davonfliegt, sondern rennt.

Die Hütte aus Gras ist nur eine Notunterkunft für die Regenzeit. Meist schlafen die Hadzábe draußen.

legen, sodass es wenigstens den gröbsten Regen abhält. In diesen Hütten schlafen die Hadzábe in der Regenzeit. Jetzt, da die Trockenzeit begonnen hat, verbringen sie die Nacht unter offenem Himmel auf einem großen Kudufell. Ein dünnes Tuch muss als Decke reichen, selbst in der Regenzeit. Wenn es zu kalt ist, lassen die Hadzábe das Feuer während der Nacht brennen.

Inzwischen sind auch die Frauen von ihrer morgendlichen Essenssuche zurückgekehrt. Sie gehen, wie die Jäger auch, immer gemeinsam. Nun bringen sie Wurzelknollen und winzige orange, leicht süß schmeckende Früchte mit. Sie kennen die vielen Pflanzen der Savanne. Um einen Strauch, die Buschhexe, haben sie mit angespitzten Stöcken in der Erde gestochert. Dort, wo der Boden nicht zu fest und nicht zu locker ist, wühlen sie ihn mit dem Stock und den Händen auf. Faustdicke und größere Knollen holen sie herauf. Auf dem Rückweg heben sie ein paar trockene Äste auf. Zurück im Lager, legen sie die Wurzelknollen kurz ins Feuer, bis die Schale verkohlt ist. Dann reißen sie sie in einem Zug ab. Von dem bleichen Inneren schneiden sie kleine Stücke ab und essen sie roh. Sie schmecken erstaunlich saftig und etwas erdig – entfernt wie Kartoffeln, aber frischer. Heute, da die Jäger nur wenig Fleisch erbeutet haben, macht die Ernte der Frauen alle satt.

Auch die anderen Frauen und Kinder sind zurück. Sie haben in dem ausgetrockneten Flussbett Wasser geholt. Wasser aus einem trockenen Fluss? Ja, allerdings müssen sie dazu den Flusssand einen halben Meter tief mit Stöcken und Händen aufgraben. Das trübe Wasser schöpfen sie mit Kalebassen – halben Kürbisschalen – heraus und füllen es in Eimer und Kanister. Zwanzig Liter fasst ein großer Eimer, zwanzig Kilo schwer. Auf dem Kopf balancieren ihn die Frauen hügelaufwärts, zwischen Felsen und Steinen hindurch, ohne zu stolpern.

Die Jäger haben unterdessen die frischen Äste, die sie unterwegs abgeschnitten hatten, in das kleingebrannte Feuer gelegt. Vorsichtig wenden sie sie hin und her, bis sie ringsum angeschwärzt sind, ohne verbrannt zu sein. Dann beißen sie ein Stück der Rinde ab und reißen sie in langen Streifen ab. Die nun weißen und geschmeidigen Äste biegen sie mit den Händen, auf den Knien und mit den Zähnen hin und her, bis sie ganz gerade sind. Zum Schluss schneiden sie die Äste auf die richtige Pfeillänge zurecht, spitzen sie vorne mit dem Messer an und kerben sie hinten ein. Jetzt müssen sie trocknen und aushärten. Die schon gestern so weit fertiggestellten Pfeile klemmen sie heute mit einem Ende zwischen zwei Zehen, legen das andere Ende auf den bloßen Oberschenkel und rollen den Pfeil mit der flachen Hand hin und her. Mit der anderen Hand fahren sie sorgfältig mit der Messerklinge am Pfeilschaft entlang und drechseln ihn so glatt. Nur ein ganz gerader und glatter Pfeil erreicht sein Ziel. Mit dem Messer ritzen sie Spiralen und Rauten, manchmal auch Figuren in das weiße Holz und färben diese mit schwarzer Asche. Drei Stücke aus Perlhuhnfedern binden sie mit dem oberen Ende an das Pfeilende, schlagen die Federn einmal ganz nach unten um und umwickeln die Federkiele mit frischer Antilopensehne. Jetzt fehlt nur noch die Pfeilspitze. Für kleine Tiere wie Vögel und Eichhörnchen genügt das angespitzte Holz. Für Dikdiks brauchen sie eine metallene Spitze, die sie von den benachbarten Datoga-Schmieden gegen frisches Fleisch eintauschen. Für die großen Antilopen, Kudus, Impalas oder Elen oder gar für Büffel oder Giraffen vergiften sie die Pfeilspitzen zusätzlich.

Jeden Tag verschießen die Jäger viele Pfeile bei der Jagd, von denen sie manche nicht wiederfinden. Jeden Tag fertigen sie neue an.

Während sie ihre Pfeile schnitzen, erzählen die Jäger untereinander und auch den anderen von der Jagd, von vergangenen Jagderlebnissen, von gefährlichen Begegnungen mit Leoparden oder davon, wie komisch es war, als der Mzungu (sprich: Msúngu), der Europäer, der heute dabei gewesen ist, das Übungsziel dreimal knapp verfehlt hat. Dabei wird herzhaft gelacht.

Die Hadzábe erzählen und lachen gerne und viel. Ihre Sprache, Hadza, ist eine der ältesten Sprachen der Welt. Von allen Sprachen ist sie den ersten Sprachen der Menschheit am nächsten – so wie die Lebensweise der Hadzábe der Lebensweise der frühesten Menschen am ähnlichsten ist. Sie klingt so ungewöhnlich wie keine andere: Mitten im gleichmäßigen Sprachfluss, der für unsere Ohren ein bisschen ähnlich wie Kisuaheli oder andere afrikanische Sprachen klingt, ertönt plötzlich ein schallendes Schnalzen mit der Zunge, ein «Tzzz!» oder ein Klicken zwischen Zunge und Gaumen. Wer Pferde auffordert oder

Ein schmales Band aus Pavianpelz schmückt den erfolgreichen Jäger.

antreibt, verwendet manchmal ähnliche Laute. In der Hadza-Sprache werden sie häufig verwendet. Einer der Jäger heißt Kang... und dann folgt ein laut schnalzender Zungenschlag. Den kann man so gar nicht schreiben – und mit unseren ungeübten Zungen kaum nachmachen.

Auch die Frauen erzählen und lachen viel, während sie ihrer Arbeit nachgehen. Sie schneiden und nähen die weichen Felle der erlegten Impala-Antilopen zu einem Tuch, das die Jäger und manchmal auch die Frauen über eine Schulter geworfen tragen. Es schützt sie vor den schmerzhaft stechenden Akaziendornen. Im Lager tragen die Frauen meist zwei eingehandelte bunte Tücher, eines um die Hüften und eines um die Schultern oder über der Brust geknotet.

Als Schmuck tragen sie Halsketten und Armbänder, die sie aus zurechtgeschnittenen Stachelschweinborsten und harten Grasstängeln aufgefädelt haben. Dazwischen knoten sie trockene Samen, harte Medizin-Früchte oder bunte Perlen, die sie von den Massai einhandeln. Manche Frauen tragen auch Stirnbänder aus aufgefädelten Glasperlen. Auch die Männer schmücken sich mit Ketten und Armbändern aus Stachelschweinborsten. Kopfschmuck ist ein Stirnband aus dem Fell der Wildkatze. Am würdevollsten schmückt aber ein schmales oder breiteres Band aus buschigem Pavianpelz. Denn Paviane sind selten und schwer zu erlegen. Dazu kommt eine schwarze, weiß gepunktete Perlhuhnfeder über der Stirn. Männer und Frauen fügen sich auch kleine Einschnitte in Stirn und Wangen zu, von denen dann schmückende Ziernarben zurückbleiben.

Träume, Tänze, Ahnen

Die Hadzábe träumen viel. Die Träume sind ihnen wichtig. Manche Träume sagen ihnen, wo sie am nächsten Morgen auf die Jagd gehen sollen, andere, wo sie ein Kraut als Medizin finden werden. In manchen Träumen erscheinen ihnen die Ahnen, die verstorbenen Vorfahren. Über die Ahnen erhalten sie Kontakt zu den Geistern, die die Welt erschufen und erhalten. Wer einen Traum nicht versteht, fragt eine der erfahrenen älteren Frauen, die ihn vielleicht erklären kann.

Auch die Tänze führen zu einem Kontakt mit den Ahnen. In einem großen Rund tanzen Alte und Junge zur Melodie eines Vorsängers. Alle fallen in den Refrain ein. Ein Instrument aus einem hohlen Kürbis und zwei Drahtsaiten begleitet den Tanz. Ein solcher Tanz kann eine halbe Stunde oder eine ganze Nacht dauern. Dabei singen die Hadzábe von

Abenteuern, die sie erlebt, und Gefahren, die sie überstanden haben. Sie rufen die Kräfte herbei, die ihnen helfen mögen, die nächsten Gefahren zu bestehen.

Wer weitere Hilfe von den Geistern braucht, weil er sehr krank ist oder weil eine Geburt bevorsteht, sucht heilige Orte auf, die weit abgelegen in den Bergen zwischen Felsen verborgen liegen. Hier herrscht eine ganz besondere Stimmung. Uralte Felsenbilder zeugen von Gesprächen mit den Ahnen und den Geistern, die den Hadzábe manchmal als Visionen eines alten Jägers mit einem Speer oder in Form von Tieren oder Baobabs erscheinen.

Zusammenleben

Ein Hadzábe-Lager sieht unscheinbar und wie zufällig unter den Büschen und Bäumen verteilt aus. Und tatsächlich ist es in wenigen Minuten auf- und wieder abgebaut. Seinen Ort aber haben die Hadzábe sorgfältig ausgesucht: Sie kennen die Gewohnheiten der Leoparden und Hyänen. Sie wissen, wo diese nachts jagen und besonders den Kindern gefährlich werden können. Solche Stellen meiden sie ebenso wie ganz windstille Orte, an denen sich abends die Moskitos sammeln. Auch dort, wo allzu viele Gräser und Kräuter mit spitzen und dornig-harten Samen wachsen, errichten sie keine Lager. Die kleinen, barfuß laufenden Kinder würden sonst ständig in die schmerzhaft stechenden Stacheln treten. Ganz entscheidend für die Auswahl der Stelle ist außerdem, dass in der Nähe ein Flussbett liegt, wo sie täglich Wasser holen können.

Wenn die Jäger einen Büffel erlegt haben, können sie das schwere Tier nicht ins Lager tragen. Stattdessen verlegt die ganze Gruppe ihr Lager zu dem toten Büffel. Sie rollen ihre Kudu- und Impalafelle zusammen, nehmen die Axt und Pfeil und Bogen in die Hand – mehr besitzen sie nicht – und ziehen zu dem neuen Lagerplatz. Alle ziehen gemeinsam. Doch auch ohne eine solche große Beute wechseln die Hadzábe ihr Lager gerne nach einigen Monaten.

Alte Männer, denen es im Lager zu laut ist, ziehen manchmal mehrere Wochen oder Monate unabhängig und allein durch die Savanne. Mit Pfeil und Bogen bewaffnet finden sie dort alles, was sie brauchen. Auch die noch unverheirateten jungen Männer oder Frauen bleiben nicht immer bei ihrer Gruppe. Sie wandern oft zu anderen Gruppen in der Nähe, bleiben dort eine Weile und kommen dann zurück.

Wenn ein junger Mann und eine junge Frau heiraten wollen, muss der Mann der Familie der Braut die besten Geschenke bringen: einen erlegten Pavian und einen Topf Honig. Einen Pavian zu erlegen ist nicht leicht. Paviane sind scheu, klug und gefährlich. Die erwachsenen Pavianmännchen greifen den Jäger an und können ihm schwere Bisswunden zufügen oder ihn sogar töten. Der Jäger muss damit zeigen, dass er etwas kann. Es wird einige Wochen oder Monate dauern, bis es ihm gelingt, eine solche Beute zu machen. Auch Honig gibt es nicht immer genug, nur am Ende der Regenzeit. Braut und Bräutigam müssen also einige Zeit warten und können ihre Entscheidung noch einmal überdenken.

Wenn der Mann Pavian und Honig den Eltern der Braut feierlich übergeben hat, zieht er in das Lager seiner Frau. Er wird also künftig dieses Lager mit seiner Jagdbeute unterstützen. Deshalb ist auch der Brautpreis so gering. (Bei anderen Stämmen, wo die Frau ins Lager oder Dorf ihres Mannes zieht, sie also dem Dorf verloren geht, ist der Brautpreis viel höher!)

Hadzábe-Kinder haben es nicht leicht. Schlangenbisse und Skorpionstiche sind für sie gefährlicher als für Erwachsene, ebenso die

Früh übt sich, was ein Jäger werden will!

Leoparden und Krankheiten wie Malaria.* Manche Kinder sterben deshalb früh. Es gibt keinen Arzt. Doch viele Krankheiten behandeln die Hadzábe mit Kräutern und Wurzeln.

* *Malaria* ist eine schwere Krankheit, die wie eine Grippe beginnt, mit Schnupfen und Fieber. Sie kann harmlos bleiben, wenn ein Arzt sie rechtzeitig behandelt. Unbehandelt endet sie oft schon nach wenigen Tagen tödlich. Malaria wird durch stechende Mücken übertragen.

Kaum hat ein Junge laufen gelernt, zeigen ihm Vater oder Mutter, wie man einen kleinen Bogen hält, den Pfeil anlegt und die Sehne spannt. Dann übt er auf ein Stück weiches, saftiges Holz zu zielen. Ein Fünfjähriger schießt schon besser als die meisten erwachsenen Europäer.

Kleine Kinder haben viel Zeit zum Spielen. Doch müssen sie in kurzer Zeit auch viel lernen. Denn ab einer Körpergröße von 1,10 Meter (die Hadzábe kennen ihr Alter ja nicht) werden die Kinder in ein Internat geschickt. Die ganze Gruppe und besonders die Eltern wollen dies gar nicht, denn wie soll der Junge ein tüchtiger Jäger werden, der sie später mit Fleisch versorgt? Die Gruppen, die weit abgelegen von jeder Piste in den Bergen am Eyasi-See leben, können ihre Kinder noch verstecken. Doch Kinder, die in der Nähe eines Dorfes leben, werden von der Schulbehörde abgeholt. Eigentlich bräuchten die Hadzábe-Kinder nicht eine Schule, in der man nur rechnen und lesen lernt (das ist natürlich auch wichtig). Sie müssten im Handwerksunterricht auch lernen, wie man jagt, Wasser findet und die Familie ernährt. Sie bräuchten eine Art Buschschule.

Gift

Die Hadzábe kennen jedes Tier und jede Pflanze in ihrer Welt. Sie wissen, welche Baumrinde sie als Heilmittel gegen Schlangenbisse verwenden können, welche Früchte süß und lecker schmecken, welche bitter und giftig sind. Die Welt ist für die Hadzábe ein großer Garten, in dem sie spazieren und sich pflücken können, was sie brauchen, ohne dass sie selber etwas besitzen. Und was sie nicht brauchen, geben sie einfach wieder zurück. Hier leben sie seit Menschengedenken, mindestens seit fünftausend Jahren, wahrscheinlich aber noch viel länger.

Alles, was sie brauchen, wächst in diesem Garten, nur eines nicht: ein Gift, mit dem sie ihre Pfeilspitzen bestreichen können, ein Gift, das so stark ist, dass es einen massigen Büffel töten kann. Es muss so stark sein, dass der Büffel nach dem Schuss nicht mehr viele Kilometer laufen kann, sondern bald zusammenbricht. Sonst finden ihn die Jäger nicht wieder.

Eine Pflanze, die so viel und so starkes Gift enthält, muss eine ganz besondere sein. Und das ist sie tatsächlich: Sie wächst am Rande des von den Hadzábe bewohnten Gebietes, zwischen mächtigen Granitblöcken am Ufer des Eaysi-Sees. Dort versickert und verschwindet auch das wenige Regenwasser so schnell in den Felsklüften, dass kaum eine Pflanze hier die Trockenzeit übersteht.

Die Wüstenrose ist keine Rose, sondern ein kleiner Baum. Ihr Stamm erinnert an eine überdimensionale, graue Flasche aus Stein, ist aber innen weich und speichert das Wasser wie ein Schwamm. Sie sieht damit plump und unförmig aus – ähnlich wie ein Miniatur-Baobab –, steckt aber voller Gift. Nur ihre weißen, in der Mitte karminrosa Blüten erscheinen elegant und unschuldig.

Einen oder zwei Tage wandern die Hadzábe, um zu diesen Felsen am Ufer des Eaysi-Sees zu gelangen. Da sie keinen Reiseproviant haben, suchen sie unterwegs nach Vögeln oder Dikdiks. Dort angekommen graben sie zwischen den Felsen junge, mannshohe Stämme der Wüstenrose aus oder hacken große Äste von älteren Pflanzen ab. Mit Rindenstreifen binden sie die sperrigen Wüstenrosenstämme zusammen, schultern sie und tragen die schwere Last wieder in ihr Lager. Dort zerstückeln sie einen Stamm – so viel, wie in einen Topf passt –, geben Wasser hinzu und kochen ihn mehrere Stunden lang. Dann nehmen sie die Stücke heraus und kochen den Sud so lange, bis aus der gelbgrünen

Flüssigkeit eine zähe, schwarzgrüne Masse geworden ist. Diese Masse klopfen sie mit einem Stein fest und streichen sie dann auf das Metall hinter der eigentlichen Pfeilspitze. Ein ganzer Topf voller Stammstücke reicht gerade für das Gift dreier Pfeile. Doch können sie die ausgekochten Stücke vier weitere Male verwenden. Vorsicht mit den Giftpfeilen! Sie sind auch für Menschen tödlich, wenn das Gift in eine Wunde gelangt. Die Hadzábe haben ihre Giftpfeile immer dabei und gehen sorgfältig mit ihnen um. Niemals verwenden sie diese gegen Menschen, denn sie sind friedfertig und haben keine Feinde.

Keine Feinde?

Leoparden und Hyänen sind gewiss gefährlich für die Hadzábe, aber sie wissen sich vor ihnen zu schützen. Unter den Menschen haben sie keine Feinde. Und doch ist ihr paradiesischer Garten von einer schleichenden Gefahr bedroht. Denn das Gebiet in den Bergen am Eaysi-See im Norden Tansanias, das ihnen von der Regierung zugeteilt worden ist, bewohnen sie nicht allein. Sie müssen es sich mit anderen Stämmen teilen: den Iraqw (sprich: Irák) und den Datóga. Beide sprechen andere Sprachen. Beide halten magere Kühe, Schafe und Ziegen, von deren Milch und Fleisch sie sich ernähren. Wo immer die Hadzábe ein neues Lager aufschlagen, folgen ihnen die Iraqw und Datóga. Denn sie wissen, dass die Hadzábe die besten Plätze kennen: sicher vor Raubtieren, Mücken und nahe an Wasserstellen.

Die Hadzábe nehmen Rücksicht auf ihre Nachbarn: Sie jagen nur

◁ *Zielübungen auf ein saftiges Stück Liane – damit die wertvollen Pfeile nicht zerbrechen.*

frühmorgens und abends, wenn die Viehherden und ihre Hirten noch nicht oder nicht mehr unterwegs sind. Allzu leicht könnte ein abgeschossener Pfeil, vielleicht sogar ein vergifteter, diese schwer verletzen.

Doch die Kühe, Ziegen und Schafe fressen das Gras und die schmackhaften Blätter der Savannensträucher. Für Impala-Antilopen, Dikdiks, Kudus und Büffel bleibt immer weniger übrig. Auch das Wasser der selbst gegrabenen Wasserstellen reicht für die Wildtiere nicht mehr aus, wenn große Viehherden davon trinken. Den Hadzábe laufen also die wilden Tiere weg, und damit fehlt ihnen die Grundlage für ihr Leben! Wenn sie könnten, würden sie einfach weiter weg ziehen. Doch ihr Berggebiet ist ringsum von Mais- und Zwiebelfeldern umgeben, wo es keinen Platz für sie gibt. Sie leben wie auf einer Insel, die immer kleiner wird. Am liebsten würden sie im Ngorongoro-Nationalpark jagen, wo es viele Tiere gibt und wo keine Viehherden weiden dürfen. Doch das ist ihnen verboten. Was sollen sie tun?

Die Hadzábe wissen es nicht. Um zu überleben, verkaufen sie etwas Schmuck und Pfeile an Touristen. Von dem Geld kaufen sie das Billigste, was sie sättigt: Maismehl. Es macht zwar satt, doch ist es eine einseitige Kost. Es fehlt ihm Eiweiß, wie es in Fleisch, Bohnen oder Milch vorhanden ist. Durch diesen Eiweißmangel bleiben die Kinder unterernährt. Paradoxerweise schwillt ihnen der Bauch an, sodass sie dick und scheinbar wohlgenährt aussehen. Der Eiweißmangel führt schließlich dazu, dass die Kinder nicht mehr richtig wachsen.

Die Hadzábe wissen nicht, was sie in dieser schrecklichen Lage tun sollen. Sie verzweifeln und kaufen von dem Geld der Touristen nicht nur Mais, sondern auch billigen Schnaps, um ihre Traurigkeit und ihre Verzweiflung zu vergessen. Aber natürlich hilft das nicht.

Wer kann den Hadzábe helfen? Was würde ihnen wirklich helfen?

Die kleinen orangen Beeren schmecken den Kindern – und nicht nur ihnen. ▻

Nicht Geldspenden oder milde Gaben: Sie bräuchten ein Recht auf das Land, in dem sie unabhängig von aller Welt jagen und sammeln könnten, wie sie es von jeher getan haben. Warum sollten sie nicht auch an den Rändern des Ngorongoro-Nationalparks jagen? Dort gibt es Hunderte von Pavianen. Kang... könnte dort den Pavian für die Eltern seiner Braut finden. Wer kann den Hadzábe helfen?

2. Massai – ein Leben mit den Rindern

Es ist brennend heiß. Die Sonne steht weiß und steil am Himmel. Die Luft flimmert vor Hitze. Alles ist hell: die Luft, das verdorrte Gras, der ausgetrocknete Boden. Die Steppe dehnt und streckt sich weit über flach gewellte Hügel bis zum Horizont, ohne jeden Baum. Eine einzige Gestalt steht dort dunkel und unbeweglich. Aus der Ferne mag er wie ein dunkler Baumstamm aussehen, so ruhig steht der Massaijunge auf einem Bein. Er wirft keinen Schatten, da die Sonne am Mittag senkrecht über ihm steht. Leicht stützt er sich auf seine schlanke, hölzerne Lanze mit der lang ausgezogenen, in der Sonne blitzenden Spitze. Manchmal wechselt er auf das andere Bein, um das erste nicht zu ermüden. Schlank und gerade steht er da, fast wie seine eigene Lanze. Um die Hüften trägt er ein rotblau gemustertes Tuch geschlungen, an den Füßen die üblichen Sandalen aus alten Autoreifen. Morgens, wenn es noch kühl ist, wirft er sich ein zweites, ebenso rotblaues Tuch um die Schultern. Doch jetzt glänzt sein kräftiger, muskulöser Oberkörper in der Sonne. Am Morgen, als er die Hütte seiner Mutter verließ, hat er sich mit Milchfett eingerieben, das die Haut davor schützt, auszutrocknen und rissig zu werden.

Er scheint im Stehen mit halb gesenkten Lidern zu schlafen. Doch in Wirklichkeit behält er seine dreißig Kühe im Auge, die sich an dieser grasreichen Senke verteilt haben. Nur ab und zu wechselt er seinen Standort, wenn die schmalen, mageren Kühe ein Stück weitergezogen sind.

Erst wenn die Sonne im Westen steht, nur noch eine Stunde über dem Horizont, treibt David Miyandazi die Kühe alle zusammen. Dann zieht er mit ihnen an die Wasserstelle, die die Bautrupps letztes Jahr

Die Boma mit den flachen, runden Manyattas wird von einem hölzernen Zaun geschützt. In der Mitte ist Platz für die Rinder.

ausgehoben haben, als sie Sand für die Renovierung der einzigen Straße brauchten. Dort hat sich Regenwasser von November bis April gesammelt. Die dreißig Kühe schlabbern gierig davon. David selbst hat sich in den Liegestütz begeben und trinkt, ohne in dem flachen Wasser die Trübe des Grundes aufzuwühlen.

Kurz nach Sonnenuntergang erreicht er die heimatliche Boma, das von Akazienstämmen eingezäunte, runde Dorf seiner Familie. Er treibt die muhenden und brüllenden Kühe in den großen Kral in der Mitte der Boma, wo die Herden seiner neunundzwanzig Geschwister und

Halbgeschwister bereits angekommen sind. Sechshundert Kühe drängen sich hier, dicht an dicht, über Nacht zusammen, gut geschützt durch einen hölzernen Zaun und ein festes Tor.

Gegenüber dem Eingang des Krals – immer mit Blick auf den Eingang – wohnt Davids Vater in seiner runden, mit Lehm und Kuhmist verputzten, fensterlosen Manyatta, der Hütte mit dem flachen Dach. David berichtet seinem Vater kurz, dass er alle Kühe gesund nach Hause gebracht hat, doch dass die alte, braun-weiß Getupfte mit dem krummen linken Horn etwas lahmt. Der Vater runzelt die Stirn – ist sie doch eine seiner Lieblingskühe. Morgen früh wird er seinen kräuterkundigen Vetter aufsuchen, der eine Stunde Fußmarsch entfernt wohnt, und ihn um eine Medizin bitten.

David eilt zur Manyatta seiner Mutter, die neben der des Vaters steht. Seine Mutter ist die erste und älteste Frau seines Vaters. Die Hütten der jüngeren Frauen reihen sich, eine neben der anderen, zwischen dem Kral im Zentrum und dem umgebenden Bomazaun auf.

Blut und Milch

In der Manyatta seiner Mutter steht bereits ein Topf mit Ugali, dem Brei aus Maismehl, den seine Mutter mit der Milch der Kühe gekocht und steif geschlagenen hat. David hat seit dem Frühstück nichts mehr gegessen. Jetzt löffelt er schweigsam Ugali aus dem schwarz berußten Aluminiumtopf – die übliche Mahlzeit der Massai, die fast alles enthält, was sie brauchen. David ist jedoch vor einigen Tagen in eine Felsspalte gestürzt und hat sich das Schienbein aufgerissen. Nun verheilt die Wunde nicht recht. Deshalb braucht er zusätzliche Nahrung: Die Mutter geht mit ihm zur Manyatta des Vaters, wo sie sich im abge-

Eine kleine Herde Rinder wird abends zurück in die Boma getrieben.

trennten Gästeteil niedersetzen. Die Mutter zeigt Davids Wunde und bittet den Vater, einer der Kühe etwas Blut abzuzapfen. Der Vater zögert einen Augenblick, denn seine Kühe sind ihm fast das Kostbarste und Wichtigste auf der Welt. Doch die Gesundheit seines Sohnes geht vor. Er nickt den beiden zu, greift zu seinem Speer neben dem Eingang, tritt vor die Tür der Manyatta und ruft fünf seiner stärksten Söhne. Am Kral angekommen sucht der Vater ein gesundes, kräftiges Rind aus und deutet mit dem Arm darauf. Die Söhne umkreisen das Rind, fangen das verängstigte, brüllende Tier ein und halten es zu fünft mit allen Kräften fest, sodass es nicht zappeln oder aufspringen kann. Dann sticht der

Eine junge, reich geschmückte Massaifrau schützt ihr Baby vor der starken Sonne mit ihrem Tuch.

Vater mit dem Speer in die Halsschlagader des Rindes, sodass das Blut herausläuft. Mit einer Kürbisschale fängt er einen halben Liter auf. Mit zwei Fingern voll Lehm verschließt er die Wunde, die bald wieder verheilen wird.

Die Mutter bringt die Schale in ihre Manyatta, die – anders als die des Vaters – eine Küche hat. Drei Steine auf dem Boden sind der Herd. An der rauen Lehmwand hängen Töpfe und Milchgefäße. Sie mischt das Blut mit Milch, verrührt beides und gibt es David als Medizin.

Am frühen Morgen vor Sonnenaufgang melken die Frauen und Kinder jeweils ihre Kühe. Das dauert bei so vielen Kühen sehr lange. Den größten Teil der Milch verrührt und kocht jede Frau mit Maismehl zu Ugali – für sich, die Kinder und den Vater. Ugali gibt es als Frühstück und Abendessen; mittags gibt es keine Mahlzeit. Doch da die Regenzeit erst wenige Wochen zurückliegt, sind die Kühe noch gut genährt und geben mehr Milch als sonst. Die überschüssige Milch gießen die Frauen in alte Holzkrüge und neue Plastikkannen und setzen sich damit an die Straße. Irgendwann im Laufe des Vormittags kommt dann das Milchauto der Molkerei aus Arusha und sammelt entlang der Straße die Milch ein. Oft ist es nur ein Liter, den die Frauen zu verkaufen haben. Doch an der langen Straße kommen einige hundert Liter Milch zusammen, die die Molkerei zu Butter und Sahne verarbeitet.

Nur die Dörfer, die entlang der Straße von Arusha nach Dodoma, der tansanischen Hauptstadt, liegen, haben solches Glück. Die abseits der Straße gelegenen Bomas haben keine Gelegenheit, ihre Milch zu verkaufen und etwas Geld einzunehmen.

Drei Monate später

Drei Monate lang hat es keinen Tropfen geregnet. Bei jedem Schritt wirbelt gelbbrauner Staub auf, der sich auf alles, auf Gräser, Hütten, Kühe und Menschen, legt. Das Gras ist bis auf kurze Stoppeln abgeweidet. Die Kühe finden nicht mehr genug zu fressen und geben immer weniger Milch.

Eines Morgens treiben nicht mehr David und seine Geschwister die Kühe auf die Weiden, sondern die erwachsenen Moran, die hochgewachsenen, sehnigen Krieger. Mit kraftvollen, langen Schritten ziehen sie mit den Kühen weit hinaus und werden in den nächsten Wochen oder Monaten nicht mehr zurück in die Boma kommen. Außer den

Rot und Blau sind die Lieblingsfarben der Massai.

Kühen führen sie die meisten Ziegen und Schafe der Boma mit sich, denn auch die finden in dem abgeweideten Gelände nicht mehr genug zu fressen. Ein kleiner grauer Esel mit schwarzem Nackenstreifen trägt die wenigen Utensilien zum Melken und die Kuhfelle als Unterlage für die Nacht. Die Krieger nehmen nicht viel mit: den Speer und ein Messer, die Tücher, die sie umhaben, die Autoreifen-Sandalen an den Füßen, dazu Maismehl und einige Kräuter und Milchfett als Arznei und Hautschutz. Milch und Blut bekommen sie unterwegs von den Kühen. Seife brauchen sie eigentlich nicht. Sie ist teuer. Deshalb waschen sie ihre beiden rotblauen Tücher so selten wie möglich. Außerdem nutzt das Waschen die Fasern des Stoffes ab. Die Tücher müssen aber mindestens zehn Jahre lang halten.

Die Hirten kennen die Steppen, durch die sie ziehen, genau. Sie wissen, wo sie einen versumpften Tümpel oder einige Pfützen in einem ausgetrockneten Flussbett finden. Sonst wären sie nach vier oder fünf heißen Tagen verdurstet.

Am Abend treiben sie die Kühe, Ziegen und Schafe in einen Kral, ein großes Rund, das sie aus dornigen Akazienbüschen zusammengezogen haben. Die Nacht ist gefährlich, denn Hyänen und Löwen haben die große Herde längst bemerkt. Auch die Kühe wittern die Raubtiere; sie stampfen unruhig mit den Hufen oder brüllen vor Angst. Die Massaihirten schlafen nicht in der Nacht. Sie postieren sich rund um den Kral und halten Ohren und Augen auf. Wer eine Taschenlampe hat, lässt ihren Lichtkegel immer wieder über das trockene Gebüsch gleiten, ob in ihrem Schein irgendwo die Augen eines Raubtieres grünlich aufblinken.

Oft ist es dann schon zu spät, die anderen zu rufen. Der Krieger fasst den Speer mit einer Hand und hält ihn auf Schulterhöhe, sodass er ihn mit aller Kraft schleudern kann. Manchmal ist der Löwe schneller und springt mit einem gewaltigen Satz auf den Hirten zu. Der reißt den Speer blitzartig zurück, rammt ihn fest mit beiden Händen mit dem Hinterende in den Boden und richtet die Spitze unbeirrt auf den springenden Löwen. Dieser stürzt mit Wucht in den Speer und auf den Krieger. Doch wenn der Speer genau auf das Herz des Löwen gerichtet war, bricht das Tier sofort tot zusammen, bevor seine mächtigen Tatzen den Hirten zerreißen könnten. Der Krieger wird anschließend den Löwen abhäuten. Das Fell mit der Löwenmähne wird er wie einen Mantel mit Kapuze beim nächsten Fest triumphierend tragen. Später wird das glänzende Löwenfell den Gästeteil der Krieger-Manyatta zieren und von seinem beherzten Mut zeugen.

Dürre

Wenn das Ende der Trockenzeit sich mit dunkel heraufziehenden Wolken ankündigt, wenn Donner heranrollen und Blitze knisternd herabzucken, entzünden sie oft die ausgedörrten Grasstoppeln. Ein Buschbrand mit trüben, grauen Rauchschwaden wälzt sich dann über die Steppe und hinterlässt einen schwarz verbrannten Boden. Da das Gras aber nur kurz ist, wird das Feuer nicht sehr heiß. Die Wurzeln der Gräser verbrennen nicht und schlagen wieder aus, sobald der erste Regen fällt. Dann rauscht und rasselt und prasselt es mit aller Macht. Die Erde selber dröhnt wie eine Buschtrommel unter den heftigen Wasserstürzen.

Manchmal kommen die Massai den Gewittern zuvor und legen selber Feuer, um beim ersten Regen sofort frisches, grünes Gras für die Herden zu haben. In manchen Jahren allerdings bleibt der Regen aus. Die Erde wird hart und reißt auf. Fast alle Wassertümpel trocknen aus. Kühe, Ziegen und Schafe verdursten und verhungern. Manchmal verlieren die Massai neun Zehntel ihrer Herden. Ihr eigenes Leben steht auf dem Spiel.

Dann erinnern sie sich an die alten Gebräuche: Sie führen ein schwarzes Schaf auf den nächsten Berggipfel. In besonders schweren Dürren führen sie es auf den Gipfel des Oldonyo Lengai. Das ist der heilige Berg der Massai: ein aktiver Vulkan, der immer wieder Glut und Aschewolken ausspuckt. Auf dem kargen, steinigen Gipfel opfern sie das schwarze Schaf und bitten die Götter des Berges, der Lüfte und des Regens, die Trockenheit zu beenden und ihnen Regen zu schicken. Manchmal prasselt schon am selben Tag der erste heftige Gewitterguss hernieder – manchmal aber auch nicht.

Krieger- und Hochzeitsriten

Bei solchen Opfern und auch bei den monatelangen Wanderungen ist David noch nicht dabei, denn er ist noch nicht in die Gruppe der jungen Krieger aufgenommen worden. Diese Aufnahme geschieht in einem großen Ritual. Dazu errichten die Moran, die erwachsenen Krieger, mit den vierzehn- bis fünfzehnjährigen Jungen zusammen ein Lager, nicht sehr weit von der Boma entfernt. Sie bauen mehrere Hütten aus trockenen Ästen, die sie mit Lehm und Kuhmist verputzen – wie normale Manyattas. Drei Wochen lang leben die Jungen dort und dürfen während dieser Zeit mit niemandem außerhalb sprechen. Sie scheren ihre Haare, bemalen ihren Körper mit weißer Kreide und tragen einen schwarzen Lendenschurz, um sich ganz deutlich von allen anderen zu unterscheiden. Manchmal malen sie sich weiße Muster ins dunkle Gesicht und tragen einen Kopfschmuck aus Straußenfedern. Sie müssen mehrere harte Mutproben ablegen, ohne zu klagen. Früher wurde jeder Heranwachsende allein in die Steppe geschickt, nur mit dem schweren Speer der Krieger bewaffnet. In der Nacht musste er ganz allein, ohne irgendeine weitere Hilfe, einen Löwen erlegen. (Heute ist die Löwenjagd verboten und wird nur noch heimlich ausgeführt.) Nur derjenige, dem dies gelang, wurde in die Gruppe der jungen Krieger aufgenommen.

Die neu aufgenommenen jungen Krieger bekommen Rinder und Ziegen geschenkt und legen zu dem darauffolgenden Fest einen Kopfschmuck mit Vögeln an, die sie allein im Busch gejagt und ausgestopft haben. Als Zeichen ihrer Kriegerwürde reiben sie sich ihre Haare mit leuchtend rotem Ocker ein, schmücken ihre Ohrläppchen mit bunten Glasperlen und tragen ein besonderes Halsband.

Von nun an leben die jungen Krieger gemeinsam in einem eigenen Lager und getrennt von ihren Familien. Sie dürfen nur zusammen mit den anderen jungen Kriegern essen, selbst wenn sie krank sind. Außerhalb des Kriegerlagers dürfen sie zwar etwas trinken, aber nur, wenn keine Frauen dabei sind. Dadurch lernen die jungen Krieger, selbstständig und unabhängig von ihren Müttern zu werden, die ihnen sonst alles kochen und bringen würden. Die Krieger lernen Entbehrungen und Hunger auszuhalten. Das werden sie später brauchen, wenn sie monatelang allein mit den Viehherden unterwegs sein werden, wenn sie nachts nicht schlafen werden, sondern Wache halten oder mit Raubtieren kämpfen müssen.

Zehn Jahre lang leben die jungen Krieger gemeinsam. Dann werden sie in einer weiteren Zeremonie in die Gruppe der erwachsenen Krieger aufgenommen. Erst jetzt, also mit etwa fünfundzwanzig Jahren, dürfen sie heiraten und sich direkt neben der Boma des Vaters eine eigene Boma bauen: eine Manyatta für den Mann, eine für die erste Frau, den Kral für die Tiere und außen die Umzäunung.

An ihrem Hochzeitstag wird die Braut in ein neues, buntes Tuch gekleidet und mit Halsreifen und Kopfputz aus Tausenden von bunten Glasperlen geschmückt. Sie verlässt am Hochzeitstag die Boma ihrer Eltern – oft mit Tränen in den Augen. Auf dem Weg zur Boma ihres Bräutigams darf nichts ihren Fuß beschmutzen. Blätter und Zweige werden von ihrem Weg entfernt. An diesem Tag geht sie ihren Eltern als Hilfe für immer verloren. Als eine Art Ausgleich überreicht der Bräutigam den Brauteltern den Brautpreis, dessen Höhe sie vorher gemeinsam ausgehandelt haben. Er hängt davon ab, wie reich der Bräutigam und die Brauteltern sind. «Reich» bedeutet bei den Massai nicht reich an Geld, sondern reich an Rindern. Wer nur zehn Kühe hat, gilt als arm. Reiche Massai besitzen fünfhundert oder sogar tausend Rinder. Zehn Rinder, Ziegen und Schafe sind das Minimum für eine gute Braut. Auch die Braut bekommt mindestens zwanzig Rinder von ihrem Bräutigam geschenkt. Solange sie diese nicht erhalten hat, weigert sie sich am Hochzeitstag, ihre künftige Hütte zu betreten. Mit diesen Herden, ihrem Blut und der Milch wird sie sich und ihren Mann versorgen. Wenn das erste Baby zur Welt kommt, wird die Mutter noch einmal fünf Ziegen geschenkt bekommen, mit deren Milch sie sich stärken wird, wenn sie das Baby stillt.

Wiederum zehn Jahre später, also mit etwa fünfunddreißig Jahren, verlässt der Mann die Gruppe der Krieger und legt seine Waffen nieder. Statt seiner Waffen – so wird ihm während der Feier gesagt – soll er jetzt seinen Verstand benutzen. Der Sohn darf nun die Boma neben der seines Vaters verlassen und eine ganz eigene Boma errichten, wo immer er will. Erst jetzt ist er ganz unabhängig und voll verantwortlich für sich und seine Familie.

Markt

Ein erwachsener Massai erhält fast alles, was er zum Leben braucht, von seinen Kühen: Milch und Blut zum Essen, Milchfett für die Haut und Felle als Unterlage für die Nacht. Nur weniges fehlt: Wasser gibt es immer zu wenig. Es reicht nicht, um sich regelmäßig die Haare zu waschen. Die meisten Männer und Frauen haben daher kahl geschorene Köpfe.

Die meisten Massai sind zu stolz, ihren Mais selber anzubauen. Sie tauschen ihn bei den umliegenden Stämmen, etwa den Mbulu, gegen Schafe und Ziegen. Ihre Kühe tauschen sie nicht ein, denn Kühe sind für sie das Leben selbst.

Ein neues Tuch oder ein Paar Sandalen gibt es auf dem Markt, der in jeder Region des Massaigebietes, im Süden Kenias und im Norden Tansanias, einmal im Monat abgehalten wird. Hier verkaufen die Händler

Auf einem Massaimarkt gibt es alles, was ein Massai zum Leben braucht.

die buntesten Tücher, die sie zu spitzen Kegeln nebeneinander aufgetürmt haben, damit sie nicht so schmutzig werden, denn meist haben sie keine Verkaufstische, sondern sitzen auf dem staubigen Boden. Daneben liegen Aluminiumtöpfe und Sandalen in allen Größen, Tütchen mit Salz, Taschenlampen- und Radiobatterien und ganze Stände voll Schmuck aus Blech und Glasperlen in allen Farben: Ohrringe, die oben im Ohr befestigt werden und so schwer sind, dass sie die Ohren herabziehen, tellerbreite Halsringe aus aufgefädelten Glasperlen, Armreifen aus grellbuntem Plastik oder Metall und Ketten mit großen Spiralmustern für die Frauen.

David würde auch gerne zum Markt gehen, denn hier könnte er Freunde und Verwandte aus entfernt lebenden Massaigruppen treffen. Doch er kann seine Herde nicht allein lassen. Er beneidet die erwachsenen Krieger, die gemeinsam zum Markt ziehen, sich dort treffen und

zu Trommeln oder CD-Musik ihre Tänze aufführen: Im kleinen Kreis stehen die Männer und springen mit aller Kraft senkrecht hoch.

David weiß, dass er schon bald in die Gruppe der jungen Krieger aufgenommen werden soll. Er gibt sich große Mühe, seine Kühe so zu hüten, dass es ihnen gut geht und seine Familie mit ihm zufrieden und stolz auf ihn ist. Und manchmal, wenn er unter der heißen Mittagssonne allein seine Herde hütet, übt er schon einmal die Tanzsprünge der Männer. Schließlich will er sich später nicht blamieren.

▷ *Eisen, Kupfer, Messing, Kaurimuscheln und buntes Plastik: Reifen und Ketten aus allen Materialien für Massaifrauen.*

◁ *Sandalen werden aus alten Autoreifen geschustert.*

3. Sahara

Fotos aus der Sahara, der größten Wüste der Erde, zeigen faszinierende Landschaften: vom Wind herangeblasene, ockergelbe Sanddünen vor einem tiefblauen Himmel oder wie Riesenpilze geformte, weiße oder rostrote, bizarre Felsgebilde. Die Wüste kann sehr schön aussehen. Ist die Wüste denn wüst?

Wer sie nicht auf Fotos betrachtet, sondern mitten in ihr steht, dem drängen sich brennende Fragen auf: Habe ich genug Wasser? Wie lange wird es reichen? Wo und wann finde ich die nächste Quelle? Denn das Leben in der Wüste bedeutet: Durst, Durst und Durst. Es ist wie ein stummer, andauernder Schrei nach Wasser. Niemals gibt es genügend Wasser in der Wüste.

Die wenigen Pflanzen, die in dieser Dürre wachsen, haben es gelernt, mit dem immer knappen Wasser sehr sparsam umzugehen. Der Mensch in der Sahara muss es ebenfalls lernen, denn schon zwei Tage ohne Wasser bedeuten seinen Tod. Wer in der Wüste leben will, muss fortwährend gegen den Tod ankämpfen.

Ja, die Wüste ist wüst. Doch wer am Abend den Brunnen erreicht hat, den brennenden Durst gelöscht hat und noch etwas von dem kostbaren Nass über den Mund hinaus gießt, es kühl den Hals und die verschwitzte Brust hinunterrinnen lässt, der fühlt es: Wenn der Durst gelöscht ist, dann ist die Wüste nicht mehr wüst, dann ist sie schön!

Nicht immer war die Sahara so trocken und lebensfeindlich. Jahrtausendealte Malereien auf Felswänden und in Höhlen zeigen heute noch Bilder von Antilopen, Giraffen, Elefanten, Nashörnern, ja selbst von

Oben: Am Fuße der Saharagebirge sammelt sich etwas Wasser von den seltenen Regenfällen. Hier gedeihen sogar Akazien im Grundwasser des trockenen Flussbettes.

Unten: Boote, Kühe und Jäger – ein Bild aus der Zeit, als die Sahara noch grün und von Flüssen durchzogen war.

badenden Nilpferden und von großen Fischen. Andere Bilder zeigen große Herden von gescheckten Rindern mit langen Hörnern, von Hirten und von Jägern.

An vielen Stellen der Sahara liegen heute noch Steinwerkzeuge: Faustkeile, scharfe Klingen und Pfeilspitzen. Sie sind nur schwer von den ebenso grauen oder ockergelben übrigen Steinen zu unterscheiden. Doch wer ein geübtes Auge hat, kann an einem einzigen Tag mehrere Taschen mit Steinwerkzeugen füllen – so viele sind es. Wilde Tiere, Menschen und ihre Herden lebten also über lange Zeiten in der Sahara. Als in Europa die Eiszeiten herrschten, war es hier in der Sahara nicht viel kälter als jetzt, aber viel regnerischer, grüner und lebendiger. Bäume wuchsen und Flüsse rauschten durch die heute staubtrockenen Täler. Vor etwa viertausend Jahren blieben die Regen aus; Tiere und Menschen wanderten ab oder blieben an den wenigen Oasen mit Trinkwasser.

Zweitausend Jahre lang war es sehr schwierig, die Sahara zu durchwandern: Zu Fuß sind die Entfernungen zwischen den Brunnen zu groß, und Reitpferde oder Esel brauchen zu viel Trinkwasser. Wir wissen heute nicht, ob damals überhaupt ein Mensch die Sahara ganz durchquerte. Erst als zur Zeit von Christi Geburt das Dromedar aus Asien nach Afrika gebracht wurde, konnten Nomaden die Sahara wieder einfacher durchwandern und besiedeln.

Beduinen

Niemand kann dauerhaft allein in der Wüste leben. Jeder Beduine (arabisch für: «Bewohner der Wüste») braucht seine Familie, seine Sippe und seinen Stamm, mit denen er gemeinsam die Wüste durchzieht.

Ein einsames Beduinenzelt aus schwarzer Ziegenwolle mit einigen Dornsträuchern als Kral für die Ziegen in der Nacht.

Ebenso braucht er seine Tiere, Kamele, Ziegen und Schafe, ohne die er nicht überleben könnte. Würde er aus dem Kreis seiner Familie verstoßen oder verbannt, käme dies einem Todesurteil gleich.

Zehn, zwanzig, manchmal dreißig Zelte umfasst ein Beduinenlager – große, schwarze Zelte aus der Wolle der schwarzen Ziegen gewebt, reißfest genug, um einem Sandsturm standzuhalten, dicht genug, um tagsüber die Hitze draußen zu lassen und nachts die bittere Kälte der Wüste. Früher war es die Arbeit der Frauen, die schweren Zelte auf- und wieder abzubauen – harte Arbeit, bei der heute alle mithelfen. Einer allein könnte die schwere, schwarze Zeltplane gar nicht über die hölzernen Zeltstangen herüberwuchten, um das Zelt aufzurichten.

Auf dem Rücken der Kamele werden die zusammengerollten Zelte zur nächsten Weidestelle geschafft. Kamele sind hier weitaus besser geeignet als Lastwagen: Sie finden ihren Weg fast von selbst und sie brauchen kein teures Benzin, sondern nur das harte Gras oder das dornige Gestrüpp der Halbwüste. Außerdem müssen sie nicht jeden Tag etwas trinken und kommen so im äußersten Notfall fast vierzehn Tage lang gänzlich ohne Wasser aus. Bei einem Sandsturm bietet ihr haariger Rücken den Beduinen Schutz. Jeder Lastwagen geht irgendwann einmal kaputt und bleibt unbrauchbar im Wüstensand stecken; Kamele hingegen bringen Junge zur Welt, sodass ihre Herde sich ständig vergrößert.

Kamele versorgen – anders als Schafe oder Ziegen – die Beduinen das ganze Jahr über Milch. Auf den saftigen Frühjahrsweiden geben die Stuten sechs bis sieben Liter Milch am Tag, auf den dürren Weiden der Trockenzeiten dagegen nur einen Liter oder noch weniger. Die Kamelmilch wird gleich frisch getrunken, sie ist eines der Hauptnahrungsmittel der Beduinen. Der Überschuss wird in lederne Schläuche oder Kanister gefüllt und angesäuert, sodass er zu haltbarer Sauermilch wird.

Die ärmsten Beduinen besitzen gar keine Kamele. Die reichsten aber halten nicht nur zahlreiche, kräftige Tragkamele, sondern auch edle, schlanke Reitkamele. Solch ein «Mehari» trägt seinen Reiter bis zu 100 Kilometer am Tag weit. Es ist mit seinem schönen weißen Fell der Stolz seines Besitzers!

Im weichen Wüstensand geben die breiten, weichen Fußsohlen der Kamele guten Halt; auf Felsen im Gebirge aber laufen sie nicht gerne. Die Ziegen und Schafe hingegen mit ihren kleinen, scharfkantigen Hufen treten gerade hier so sicher auf, dass sie selbst einen steilen, felsigen Berghang hüpfend und springend hinablaufen. Sie drängen sich dicht an dicht, sodass man keinen Boden zwischen ihnen sieht, nur die rhythmisch bewegten, wolligen Rücken: die hellen der Schafe und die schwarzen der Ziegen – wie ein wolliger Wasserfall. Das sieht so hübsch aus, dass es den Schreiber des Hoheliedes an die wallende Lockenpracht einer schwarzhaarigen Schönheit erinnerte: «Dein Haar ist wie eine Herde Ziegen, die herabwogt vom Gebirge …» Kein Kenner würde bei diesen rühmenden Worten an das Gemecker der Ziegen, den Staub, den sie aufwirbeln, oder gar an ihren Mistgeruch denken, sondern nur an die Schönheit dieses Anblickes!

Nur im Frühjahr, solange die Ziegen auf den saftigen Frühjahrsweiden grasen, geben sie Milch und werden täglich gemolken – drei bis vier Monate lang. Die meiste Ziegenmilch wird nicht getrunken, sondern gleich weiterverarbeitet, denn sie muss auch für die lange Trockenzeit ausreichen: Sie wird mit einem Trichter in einen Lederschlauch gegossen, dieser an ein hölzernes Gestell gehängt und von zwei Frauen hin- und hergeschüttelt. Dabei gerinnt die Milch zu Butter und saurer Buttermilch. Die Butter wird eingekocht und gewürzt – so hält sie jahrelang, ohne ranzig zu werden. Aus der Buttermilch kochen die Beduinenfrauen einen Trockenkäse, der ebenfalls sehr lange haltbar ist. In etwas Wasser angerührt ergibt er ein säuerliches, erfrischendes Getränk.

Fleisch wird nur sehr selten gegessen: an Festtagen, Hochzeiten oder wenn Gäste kommen. Dann wird ein Schaf oder eine Ziege geschlachtet und mit zerlassener Butter und Fladenbrot serviert.

Am Ende des Frühjahres scheren die Beduinen zuerst die Wolle der Schafe und später die der Ziegen. Die Frauen zupfen aus den lockeren, flauschigen Wollhaaren eine lockere, längliche Wulst, wickeln sie mehrfach um das linke Handgelenk und hängen an deren eines Ende den Metallhaken einer hölzernen Spindel. Dann rollen sie die 30 Zentimeter lange Spindel mit dem Holzgewicht am unteren Ende schnell auf dem rechten Oberschenkel und lassen sie fallen. Die mit Schwung sich drehende Spindel verdreht nun den lockeren Wollflausch zu einem dünnen, aber festen Faden. Den gesponnenen Faden drehen sie auf die Spindel auf, fügen neue Wolle hinzu und drehen die Spindel erneut. Schon die kleinen Mädchen lernen das Spinnen mit der Spindel; die erwachsenen Frauen beherrschen es sogar, ohne hinzuschauen, und dre-

Den bunten Markt einer Stadt suchen die Nomaden nur höchst selten auf.

hen selbst auf den Wanderungen zum nächsten Wohnplatz die Spindel ohne Unterlass.

Um die robusten, schwarzen Zeltbahnen zu weben, braucht man dickere Fäden, für die man zwei oder drei solcher Fäden miteinander verzwirnt. Für Webteppiche, Markt- oder Satteltaschen aber werden die dünneren Fäden auf einem einfachen Webrahmen verwebt. Der besteht nur aus zwei dickeren Holzstöcken, zwischen denen die Kettfäden aufgespannt werden – so lang, wie das Webstück lang werden soll. Für eine Zeltbahn sind das sieben Meter! Dann werden die beiden Holzpflöcke flach auf den Boden gepflockt, sodass der einfache Webrahmen jetzt flach auf dem Boden liegt. Nun kann das eigentliche Weben beginnen: Der Schussfaden wird an einem hölzernen Stab durch die Kettfäden geschoben und mit einem eisernen Haken (früher auch einem Gazellenhorn) festgeklopft. Dann wird der Stab von der anderen

Seite zwischen die inzwischen versetzten Kettfäden zurückgeschoben – und so hin und her, bis der Webrahmen voll ist. Einfache geometrische Muster entstehen, wenn verschiedenfarbige Schussfäden abgewechselt werden.

Manche Beduinen hängen ein Schaf oder eine Ziege, wenn sie geschlachtet worden sind, mit den Hinterbeinen an ein hölzernes Dreibein und ziehen so das Fell ab. Es wird gegerbt, sodass es nicht steif erstarrt, sondern weich und biegsam bleibt. Bei Schafhäuten bleibt die Wolle oft daran; das ergibt ein schönes, weiches Fell für den harten, hölzernen Kamelsattel. Ziegenhäute werden enthaart und zu Schläuchen verknotet und vernäht. Bei dem Wort Schlauch denken wir meist an ein langes, dünnes Gebilde wie den Gartenschlauch. Ziegenfellschläuche sind dagegen kurz und dick: Wie aufgeblasene Ziegen ohne Kopf und mit Stummelbeinen sehen sie recht scheußlich aus. Früher waren diese Schläuche die einzige Möglichkeit, in der Wüste Wasser zu transportieren oder auch andere Flüssigkeiten wie Wein oder Holzteer. Tonkrüge wären zu schwer und würden auf dem schwankenden Kamelrücken zu leicht aneinanderschlagen und zerbrechen. Heute verwenden dic Beduinen auch alte Gummischläuche aus Lastwagenreifen oder Plastikkanister.

Sind die Schafe und Ziegen im Frühjahr geschoren und das Frühlingsgras abgeweidet, muss die Sippe weiterziehen. Frühmorgens, noch vor Sonnenaufgang, werden die Zelte abgebrochen, zusammengerollt und auf dem Rücken der Kamele (manchmal auch der Esel) verstaut. Dazu kommen Teppiche, Decken, Kleidung und Hausrat. Natürlich passen keine großen Möbel, keine hölzernen Bettgestelle oder Kleiderschränke auf ein Kamel. Alles muss zusammenrollbar und leicht sein. Der Aufbruch ist ein großer Aufruhr: Die Hunde* rennen aufgeregt

* Nur die Beduinenstämme am Rande der Wüste halten Hunde und Hühner. Im Inneren der Sahara gibt es für beide nicht genügend Futter.

Ein einfaches Seil genügt als Halfter für ein Kamel.

kläffend hin und her und scheuchen vielleicht die noch nicht verstauten Hühner auf, die wiederum laut gackernd umherflattern. Schließlich ist alles verpackt, alle Hühner sind wieder eingefangen und es kann losgehen: Die Schafe und Ziegen werden vorneweg getrieben, bis die nächsten Weidegründe des Stammes erreicht sind. Das kann ein paar Stunden oder auch ein paar Tage dauern. Je früher alle aufbrechen, desto kühler ist der Morgen noch. Mittags wird es dagegen auch im Frühjahr schon sehr heiß.

Die verschiedenen Beduinenstämme kleiden sich alle recht unterschiedlich. Meist tragen aber alle Männer und alle Frauen eines Stammes eine ähnliche Tracht. Bei den Beduinen des Negev und des Sinai trugen Männer wie Frauen früher knöchellange Gewänder mit langen Ärmeln, die sie vor der brennenden Sonne schützen und dennoch weit genug sind, um kühlende Luft an die Haut kommen zu lassen. Noch heute ist die Grundfarbe bei den Frauen meist schwarz. Die Alltagsgewänder sind nur ein wenig am Hals bestickt, die Festtagskleider jedoch über und über rot oder gelb, dicht an dicht mit Kreuzstichen verziert. Außerdem schützen sich die Frauen mit einem ebenfalls bestickten Kopftuch vor Staub und Hitze. Die Männergewänder waren ganz ähnlich geschnitten, ebenfalls knöchellang, aber meist weiß. Sie trugen ebenso eine Kopfbedeckung, die sie mit einer wulstigen doppelten Schlinge auf dem Kopf festhielten. Heute bevorzugen die Männer meist einfache westliche Kleidung. Anders ist es bei den Beduinen der Westsahara. Hier tragen die Frauen ein Wickelgewand, das nur aus einer einzigen langen Stoffbahn besteht. Die letzte Windung des Stoffes schlagen sie über den Kopf als Schutz vor der Sonne. Die Männer tragen weite Hosen, die ebenfalls kühlende Luft heranlassen.

An Festtagen legen die Frauen ihren gesamten Schmuck an: Silber-, aber auch Goldmünzen am Kopftuch sowie als Ketten um den Hals gehängt, Ringe aus Silber oder Gold an den Fingern, an den Armen, Ohren und in der Nase sowie Spangen an den Knöcheln. Selbst bei den Alltagsarbeiten und beim Wandern zeigen sie manchen Schmuck gerne und mit Stolz.

Reichere Beduinen reiten auf ihren Reitkamelen, ein einfaches Seil als Zügel und einen Stock zum Antreiben in der Hand. Ärmere Beduinen besitzen keine Reitkamele, sondern nur Tragkamele. Entweder reiten sie auf diesen oder treiben ihre Herden zu Fuß, barfuß oder, wenn der Sand zu heiß wird, in einfachen Leder- oder Plastiksandalen. Meist machen sie auf der Wanderung keine Pause, um die gefährliche, wasserlose Strecke möglichst schnell zurückzulegen.

So ziehen die Beduinen von einem Weideplatz zum nächsten. Immer muss dort eine Wasserstelle vorhanden sein: ein Brunnen mit Grundwasser, eine Zisterne mit gesammeltem Regenwasser oder wenigstens ein flacher Tümpel vom letzten Regen. Denn sehr lange reicht das mitgeführte Wasser nicht aus. Täglich müssen die Ziegenherden getränkt werden, besonders im Sommer, wenn alles ausgedörrt ist und kein frisches, feuchtes Gras mehr wächst.

Jede Sippe gehört mit anderen zusammen zu einem Stamm, dem ein Scheich vorsteht. Der Scheich entscheidet zusammen mit der Stammesversammlung alle wichtigen Fragen. Besetzt ein fremder Stamm die eigenen Wasserstellen, kann dies den Stamm bedrohen. Können die beiden Stämme sich einigen? Wenn nicht, heißt die Entscheidung: Krieg. Der Stamm wird versuchen, die Wasserstelle zurückzuerobern – auf Leben und Tod. Denn ohne Wasser müsste er das Gebiet verlassen.

Ein Bote oder ein Reisender wäre allein in der Wüste verloren, gäbe es nicht das Gastrecht: Betritt er ein fremdes Zeltlager und bittet mit den traditionellen Worten um Aufnahme, so wird sie ihm gewährt. Obwohl Brennholz selten und kostbar ist, ließen manche Beduinenstämme nachts das Lagerfeuer brennen, bei Sandsturm banden sie die Hunde vor dem Zelt an, damit ihr Bellen den möglicherweise verirrten Fremden den Weg wiese. Es gilt als Ehre, einen Gast aufzunehmen. Der Scheich des Lagers wird den Fremden nicht nach Woher und Wohin fragen, sondern ein Lamm oder Zicklein schlachten und ihn mit dem besten Essen bewirten. Er wird den Gast bedienen. Bei manchen Stämmen darf er aber selber nicht am Essen teilnehmen.

Nach drei Tagen endet das Gastrecht, und der Gast muss wieder aufbrechen. Er steht aber noch eine Weile unter dem Schutz des Stammes. Ein Beduine, der verfolgt wird, kann bei einer fremden Sippe oder sogar einem fremden Stamm um Schutz bitten. Den Schutz abzulehnen ist nicht möglich. Der Schutzgeber könnte sich seinerseits unter den Schutz eines noch Mächtigeren begeben.

Ursprünglich gab es bei den Beduinen kein Gericht oder Gesetz, das es verboten hätte, einen anderen Menschen zu töten. Es gab aber die

Dieser Berberjunge hat einen Fennek, einen Wüstenfuchs, gefangen und zeigt ihn uns ganz stolz.

Blutrache. Jeder wusste, dass die Familie oder die Sippe eines Getöteten ihn wiederum töten würde. Hinter jedem Beduinen stand gleichsam wie unsichtbar sein ganzer Stamm, der ihn rächen würde. Das hat sicher manchen Kampf verhindert! Tötete jemand versehentlich einen anderen, so flüchtete er sich unter den Schutz eines mächtigen Scheichs. Inzwischen versuchten die Familien des Täters und des Opfers eine Vereinbarung zu treffen, die den Täter bestrafen, aber nicht töten würde: meist ein Blutgeld oder vierzig gute Kamele. Solche Vereinbarungen wurden nur innerhalb eines Stammes erreicht. Zwischen verfeindeten Stämmen aber war die Blutrache ein Unglück: Die Verwandten des Opfers töteten den Täter oder einen seiner Verwandten; diese brachten wiederum einen Verwandten des ersten Opfers um. Solche Blutfehden konnten sich in einzelnen Fällen über Jahre oder Jahrzehnte hinziehen – ohne Ende.

Manche Beduinenstämme ziehen, wenn der Herbst beginnt, in ihre Winterquartiere, wo sie in einem Wadi oder einer etwas feuchteren Bodensenke den Boden pflügen und mit dem ersten Winterregen Weizen aussäen. Der spärliche Winterregen lässt den Weizen wachsen. Oft werden die Felder ein halbes Jahr lang allein gelassen — nur mit einem Wächter zur Aufsicht – und im Mai oder Juni geerntet.

Aus dem Weizenmehl rühren die Frauen einen festen Brotteig an. Dann entzünden sie ein Holzfeuer auf dem bloßen Sandboden. Wenn es abgebrannt ist, streichen sie den Brotteig flach auf den heißen Sand und backen so in wenigen Minuten ein köstliches Fladenbrot, das sich einige Tage lang hält.

Beduinen, die Ziegen und Schafe mit sich führen, ziehen nicht durch die ödesten, trockensten und abgelegensten Gebiete der Wüste; Schafe können nicht über Sanddünen laufen. Sie halten sich an die Ränder der Wüste, die Halbwüste oder die Steppe, wo wenigstens im Winter etwas Regen fällt und nach einigen Tagen die ersten Gräser hervorsprießen. Manchmal öffnen sich sogar kleine violette Blüten. Sie stehen nicht dicht an dicht, sondern halten Abstand voneinander, um mit ihren Wurzeln möglichst viel von dem spärlichen Regen aufsaugen zu können. Doch wenn man sich zu ihnen hinunterbeugt und flach über sie hinwegschaut, erscheinen sie wie ein zarter, hellvioletter Teppich.

Doch solche poetisch zarten Tage sind selten. Meist sehen die Beduinen nur grau-gelbe Steine, dunkelgraue Kiesel, ockergelbe, weiße oder rostrote Felsen – oft ist sogar der Himmel fahl-ockergelb von Staub. Wer beständig von Gelbgrau umgeben ist, sehnt sich nach anderen Farben! Die Satteldecken der hölzernen Kamelsättel sind oft in knalligbunten Farben gewebt, um dem Auge ein bisschen Frische zu gönnen.

Und wer ständig von der stummen Einöde der Wüste eingehüllt ist, sehnt sich nach Farben jeder Art: den Farben der Worte, den Farben einer schönen, spannenden Erzählung, dem farbigen Klang der wohlgesetzten Rede. Ein Gast ist in der Wüste schon deshalb immer willkommen, weil er Neues berichtet. Wenn er gut erzählt, regt er die Fantasie der Zuhörenden an, sich mitten in der trockenen Wüste ganze Flüsse oder Wasserfälle von Milch und Honig vorzustellen. So schafft die beflügelte Fantasie inmitten der kargen Wüste eine neue, heitere und freundliche Welt.

Die Beduinendichter ziehen von Sippe zu Sippe und erzählen, manchmal von einer einsaitigen Geige begleitet, von heldenhaften Raubzügen, kühnen Scheichs, «mutiger als ein Panther», und von Scheichstöchtern, «schöner als der Mond». Nicht umsonst kommen die besten Geschichtenerzähler aus Wüstenländern.

Das Leben in der Wüste bedeutet Durst – Durst nicht nur nach Wasser, sondern Durst nach Farben, Durst nach Schönheit, Durst nach Leben! Und wie wunderbar, wenn der Durst gestillt wird!

Tuareg

«Die Schönsten», «die einzig Kultivierten unter den Saharavölkern», ja, «die Herren der Sahara» – so bezeichnen sich die Tuareg selbst. Und sie legen großen Wert darauf, dass ihre innere Haltung wie ihre äußere Erscheinung diesem Idealbild entspricht: So geht ein anständiger Tuaregmann würdevoll und aufrecht. Und er geht nicht unverschleiert aus seinem Zelt oder Haus. Dabei genügt ihm nicht eine kurze Stoffbahn, die ihm Staub und Sand von Mund, Nase und Haaren abhält. Nein, es muss ein stattliches, sieben Meter langes, dunkelblaues, glänzendes Tuch sein, das er in vielfachen, kunstvollen Lagen um seinen Kopf schlingt. Je nachdem, wem er gegenübersteht, lässt er dabei die Nase frei oder zieht das Tuch so hoch, dass nur noch ein schmaler Augen-

Oben: Je nachdem, wie vertraut ihnen die Situation ist, verschleiern sich Tuaregmänner weniger oder mehr.

Unten: Die Targia trägt keinen Schleier, meist aber ein Tuch über den Kopf als Schutz.

spalt frei ist. Nur zu Hause im eigenen Zelt, im Kreise der Familie, lässt er den Schleier locker unter dem Kinn hängen und den Mund frei. Die Tuaregfrauen bleiben hingegen unverschleiert. Auch der «Boubou», das weite, bis zu den Füßen reichende langärmlige Gewand von Männern und Frauen, ist meist vornehm-dunkelblau gefärbt und oft mit glänzenden Stickereien verziert. Da die dunkelblaue Indigo-Farbe auf die braune Haut abfärbt, waren die Tuareg auch als «hommes bleues», blaue Menschen, bekannt. Manche schminken sogar die Lippen mit dem dunkelblauen Indigo. Während der Turban fest gewickelt ist, damit er dicht schließt, ist der Boubou weit und locker geschnitten, um kühlende Luft darunter zu lassen und um bei Bewegungen, etwa beim Reiten, nicht hinderlich zu sein.

Ein nobler Targi, ein Tuaregmann, ging früher nicht über den Markt, ohne sein Schwert, die «Takuba», an einem langen Schultergurt umgehängt zu haben. Die Schwertklinge stammte oft aus Deutschland oder Spanien. Der Griff und die Schwertscheide aber sind von Tuaregschmieden geschmiedet und verziert: oft mit kunstvollen Dreiecken oder anderen geometrischen Mustern aus Kupfer oder Messing. Das Schwert war früher eine wichtige Waffe bei den Raubzügen der Tuareg, heute ist es nur noch Schmuck. Ebenfalls als Schmuck, doch auch als Amulett gegen den «bösen Blick» und als Schutzamulett, trugen die Tuareg früher Silberbehälter um den Hals gehängt oder – die Männer – am Turban befestigt. Das sieht man heute nur noch selten.

Targi und Targia

Für die Tuareg gibt es ein Zuhause, in das sie sich vor Stürmen und den lebensbedrohenden Gefahren der Wüste flüchten können: ihr Zelt. Es besteht aus Leder oder aus Stoffbahnen, die von fünf Tragstangen gestützt werden. Es ist nur ein schwacher Schutz gegen das Unheimliche der Nacht, doch es ist der einzige Schutz. Das Zelt und der Hausrat gehören den Tuaregfrauen. Sie sind verantwortlich dafür, diese einzige Heimat in Ordnung zu halten. Auch die Ziegen- und die Schafherden gehören den Frauen. Stirbt eine «Targia», eine Tuaregfrau, so vererbt sie Zelt, Hausrat und Herden weiter an ihre Töchter. Der Mann verliert mit der Frau auch sein Zelt.

Die Tuaregmänner sind nicht für die Zelte verantwortlich. Ihre Aufgabe ist es, die jährlichen Wanderwege zu erkunden, die Aufteilung der Weidegebiete abzusprechen, die Lage von neuen Brunnen mit den Nachbarstämmen abzusprechen und vielleicht Kämpfe mit Nachbarstämmen auszufechten.

Das Reittier der noblen Tuareg ist das Kamel, genauer gesagt, das einhöckrige Kamel, das Dromedar (zweihöckrige Kamele, die Trampeltiere, gibt es nur in den asiatischen Wüsten). Es soll möglichst weiß sein, mindestens aber hellsandfarben. Vierzig verschiedene Worte für die verschiedenen Fellfarben benutzen die Tuareg, sie können ihre Kamele also sehr genau unterscheiden.

Die schönsten und schnellsten Kamele, die «Mehari», zu züchten, war eine der Lieblingsaufgaben der noblen Tuareg. Leider werden heute viel weniger Kamele gebraucht als zu den Zeiten der großen Karawanenzüge. Sollen die Tuareg stattdessen Ziegen züchten? Nein, das ist Frauenarbeit! Kein Tuaregmann wird auch nur eine Ziege melken, sowenig wie eine Targia ein Kamel melken würde.

Eine andere wichtige Arbeit der noblen Tuareg bestand darin, fremde Stämme zu überfallen und deren Kamele und Ziegenherden zu rauben, wenn ein fremder Stamm Recht und Ehre des eigenen verletzt hatte. Besonders heldenhafte, mutige Raubzüge wurden von den Dichtern aufgeschrieben und an den Lagerfeuern hingebungsvoll erzählt, gepriesen und besungen. Zum Schreiben benutzten sie eine eigene Tuaregschrift: das Tifinar, das außer den ägyptischen Hieroglyphen und der äthiopischen Schrift eine der ganz wenigen in Afrika erfundenen Schriften ist. Die Tuareg benutzen auch heute noch das Tifinar und sind sehr stolz darauf.

Alles über die Kamelzucht, die Raubzüge und manche Gewohnheiten Gesagte betrifft nicht alle Tuareg, sondern nur die «Noblen», die Adligen. Sie allein hatten das Recht, Kamele zu züchten und Raubzüge durchzuführen. Für alle anderen Arbeiten, besonders die anstrengenden und schmutzigen, ist sich ein Nobler zu schade: Ziegen züchten, Dattelpalmhaine anlegen und pflegen, Gemüse bewässern, anbauen und ernten – das sind Arbeiten, die ein nobler Tuareg an seine Landpächter und Vasallen weitergibt. Das sind ebenfalls Tuareg, denen jedoch das Land und die Tiere nicht gehören. Sie bekommen für ihre Arbeit nur etwas von den Erträgen ab. Mitunter wurden Menschen für diese Arbeiten sogar versklavt. Erst 2003 wurde in der Republik Niger die Sklaverei offiziell verboten. Die «Noblen» haben aber auch besondere Pflichten: So kann ein «Nobler» bestraft werden, wenn er sich nicht gut benimmt und etwa einen Stammesangehörigen seines beleidigt. Ein Vasall oder ein Schmied hingegen wird nicht so streng beurteilt.

Ursprünglich waren alle Tuareg Nomaden, zogen also mit den Kamel- und Ziegenherden durch ihr Gebiet, das sich über den ganzen Zentralteil der Sahara erstreckt. Es sind nur kleine Bereiche innerhalb der größten Wüste der Welt, in denen die Tiere weiden und die Menschen leben können. Die allermeisten Regionen sind völlig lebensfeindlich und kahl. Diejenigen Tuareg, die heute immer noch wie Nomaden leben, ziehen von Weideplatz zu Weideplatz und bleiben den heißen Sommer über im kühleren Gebirge. Auf ihrem Zug folgen sie den einzelnen, spärlichen Regenschauern. Kundschafter werden ausgesandt, um herauszufinden, ob es irgendwo geregnet hat: meist nur in den Randbereichen der Sahara oder in den höher hinaufragenden Gebirgen, dem Air, dem Tibesti oder dem Hoggar. Schon wenige Tage nach einem solchen Regenschauer sprießen aus den überall im Boden lagernden Samen frisch-grüne Blättchen hervor, die sich beeilen müssen, um innerhalb von nur zwei Wochen Blüten und fertige Samen auszubilden. Danach ist die wenige Feuchte restlos verdunstet, und die Wüste ist wieder so trocken, dass nichts mehr wachsen kann. So müssen sich auch die Tuareg beeilen, um solche Stellen rechtzeitig zu erreichen. Dabei ist es nicht egal, auf welchem Weg sie ziehen, um beim Hindurchziehen nicht Gebiete fremder Stämme abzuweiden oder eigenes Gras, das sie erst später im Jahr brauchen werden. Auch müssen sie beachten, zu welchen Brunnen sie ziehen und wie viel Wasser in ihnen steht. Denn kommen zu große Herden zu oft zu einem Brunnen, zertrampeln sie den Boden vollständig, sodass dort nichts mehr wachsen kann.

Tuareg in Not

Im 19. Jahrhundert hatten die Franzosen den größten Teil von Westafrika erobert. Nachdem sie das eroberte Gebiet im 20. Jahrhundert an seine ursprünglichen Bewohner zurückgegeben hatten, wurden dort große Staaten gegründet, deren Grenzen schräg und quer durch die Sahara gezogen wurden. Fünf Staaten und ihre Grenzen durchschneiden und zerteilen heute das Tuareggebiet: Libyen, Algerien, Mali, Niger und Burkina Faso. In jedem dieser Staaten sind die Tuareg nur noch eine Minderheit unter anderen Völkern. Die sesshaften Völker, die in diesen Ländern die Mehrheit ausmachen, betrachten die wandernden, nicht sesshaften mit Argwohn und Misstrauen. An den Grenzen werden die Tuareg-Karawanen aufgehalten und, da sie meist keine Papier haben, nicht durchgelassen. Immer weniger Tuareg ziehen daher als Nomaden täglich durch die Wüste; immer mehr lassen sich in den Städten am Rande der Wüste nieder und arbeiten als Lastwagenfahrer, als Schmuggler oder beim Militär. Immer wieder versuchten die neuen Regierungen der fünf Länder, den Tuareg das Nomadisieren zu verbieten und sie in festen Häusern anzusiedeln. Das ging gegen den Tuareg-Stolz und die Ehre. Die Tuareg wehrten sich mit aller Kraft, mit Waffen und mit Aufständen dagegen. Jetzt aber zwingt sie oft die Not! Viele Jugendliche sind arbeitslos; die harte Arbeit ihrer Väter wollen sie nicht mehr machen.

Als in den 1980er-Jahren die spärlichen Regenfälle ganz ausblieben, wurde die Dürre unerträglich. Selbst für Schafe und Ziegen gab es zu wenig Wasser. Die Tuareg drohten zu verhungern und zu verdursten. Zwar schickten europäische Regierungen Geld, um Brunnen zu bohren und Lebensmittel zu kaufen. Doch bei den Tuareg kam das Geld nicht an. Es blieb irgendwo in den staatlichen Ministerien «hängen». In ihrer Not wurden die Tuareg wieder zu den Kriegern, die sie schon früher gewesen waren: Sie griffen Polizeiposten und Gerichte an. Das Militär schoss zurück. Erst nach fünf Jahren, nach einem besonders schlimmen Überfall mit vielen unschuldigen Toten, kamen beide Seiten zur Vernunft, warfen ihre Waffen in ein gemeinsames Feuer und schlossen Frieden. Zur Feier dieses Friedens im Jahre 2001 feierten sie ein großes, mehrere Tage dauerndes Fest: Es gab Kamelwettrennen durch 15 Kilometer Wüstensand; Mädchen und Frauen sangen, tanzten im Kreis um das große Feuer, ließen sich fallen, schnellten biegsam wieder hoch. Sie sangen mit rauen Stimmen aus tiefster Kehle, andere Stimmen antworteten weich und schmeichelnd. Schmuck, Handwerk und traditionelle Arzneien wurden gehandelt. Alte Freunde, die sich wegen des Bürgerkriegs jahrelang nicht gesehen hatten, trafen sich wieder, es wurde viel erzählt. Abends und in der Nacht spielten Tuaregmusiker die traditionelle Tuaregmusik mit Trommeln und den einsaitigen Violinen, aber auch solche, die mit amerikanischem Rock

Holz und selbst Dornbüsche sind in der Sahara knapp. Hier schützt ein alter Drahtzaun die Schafe in der Nacht.

und Blues vermengt auf elektrischen Gitarren erklingt: «Tuareg-Rock». Zur Erinnerung an den geschlossenen Frieden wird dieses Fest seither jedes Jahr wiederholt: mitten in der Sahara. Keine Straße führt dorthin, nur Reifenspuren im Sand. Trotzdem kommen mehrere tausend Tuareg, aber auch Gäste aus aller Welt, die die Tuaregkultur kennenlernen wollen. Hoffentlich bleibt der Frieden erhalten!

Die Karawanen

Große Handelskarawanen verbanden früher das Innere der Sahara mit dem Mittelmeer im Norden und der westafrikanischen Küste im Süden. Sie brachten Gold, Gewürze, Elfenbein und Sklaven aus Westafrika bis an das Mittelmeer, von wo es nach Europa verschifft wurde. Umgekehrt brachten sie Stoffe, Zucker und Eisen zurück. Aus der zentralen Sahara trieben die Tuareg Herden von Hammeln nach Süden, wo sie diese gegen Hirse oder Salz einhandelten. Auch die großen Karawanen mussten von Brunnen zu Brunnen ziehen, denn selbst wenn ein Kamel vierzehn Tage ohne Wasser überleben kann, muss es doch normalerweise alle drei bis vier Tage trinken. Es braucht jahrelange Erfahrung, inmitten der endlosen Fels-, Stein- oder Sandflächen die richtige Himmelsrichtung zu finden, in der die Brunnen liegen. Der Wind verweht schon nach wenigen Stunden eine Trittspur, sodass sie für einen Unkundigen nicht mehr zu sehen ist. Ein guter Fährtenleser kann eine Karawanenspur aber auch nach Jahren noch erkennen. Wer auch nur wenige Grad von der richtigen Richtung abweicht oder eine kleine Strecke zu spät abbiegt, zieht an dem lebensrettenden Brunnen vorbei, ohne ihn zu bemerken.

Heute gibt es diese großen Handelskarawanen nicht mehr, sie sind durch Lastwagen abgelöst worden. Doch Karawanen gibt es noch: Sie bringen Salz aus den Salzseen und Salinen im trockensten Inneren der Sahara auf die Märkte der umliegenden Städte und tragen Hirse und Weizen zurück. Unterwegs tauschen die Karawaniers in den Oasen ihre Hirse gegen Datteln ein, die sie zu Hause weiterverkaufen.

Zwei oder drei Wochen dauert eine solche Karawanenreise zu den Salzlagern und ebenso viele Wochen wieder zurück. Am ersten Tag packen die Karawanenführer noch im Dunkeln große Bündel mit Futtergras auf die Kamele, denn unterwegs wird es nur an ganz wenigen Stellen etwas zu fressen geben. Dazu kommen Wasserschläuche aus Ziegenhäuten oder alte Stahlfässer und die Vorräte für die Karawaniers: Datteln, Hirse, Weizengrieß, Tee und Zucker. Jedes Dromedar trägt eine genau ausbalancierte Last: nicht zu wenig und nicht zu viel. Manchmal bocken die Dromedare, werfen ihre Lastbündel ab, bäumen sich auf und brüllen aus voller Kehle. Die Karawaniers kennen jedes Kamel und wissen, wie sie mit ihm umgehen müssen. Einem Fremden würden die Kamele jedoch schnell durchgehen, und er stünde allein und verloren in der Wüste.

In der Nacht und am frühen Morgen ist es noch sehr kalt. Die Männer – nur Männer gehen mit auf eine Karawane – binden ihre Turbantücher fest um Kopf und Gesicht, manche tragen Handschuhe. Die Kälte dringt unter die langen Boubous. Nur das Gehen wärmt. Später am Tag wird es so heiß werden, dass sich jeder nach den kühlen Morgenstunden zurücksehnen wird. Grober Sand knirscht unter den Füßen und unter den Hufen der Kamele wie verharschter Schnee. Kieselsteine klirren wie Glas. Schlimm ist es, wenn der Sand zu fein und zu locker ist, fein wie Staub und so weich und tief, dass die Füße bis zu den Knöcheln versinken. Dann strengt jeder Schritt an, und die Karawaniers keuchen, besonders wenn es etwas bergauf geht. Nach vier Stunden Marsch gibt es das erste Frühstück: kalten Hirsebrei, der noch in der Nacht gekocht worden ist, mit etwas Sauce. Zum Frühstücken wird nicht angehalten; die Karawane zieht weiter. Der Hirsetopf geht so lange reihum, bis sich jeder – gehend – satt gegessen hat. Selbst der Tee wird während des Laufens gekocht: Ein kleines Öfchen mit glühender Holzkohle schaukelt an drei Ketten. Darauf steht die Kanne für den Tee mit Pfefferminze. Natürlich wird auch er im Laufen getrunken. Nur für das Mittagessen wird gerastet. Die Kamele legen sich hin; doch ihre Lasten bleiben aufgeschnallt.

Im grellen Mittagslicht sieht jetzt alles gleich aus: der gelbe Sand, der blassblaue, staubige Himmel; kein Ziel ist am Horizont erkennbar. Es ist still, der Sand rieselt von den Kamelhufen, Stricke scheuern am Kamelrücken, das Wasser in den Schläuchen gluckert. Vielleicht summt noch eine letzte Fliege.

Nach drei Wochen erreicht die Karawane abends die Salinen: müde, erschöpft und ausgemergelt. Das goldene Licht der Abendsonne er-

Noch 80 Kilometer bis zum Kamelmarkt in Tamanrasset!

schafft aus der armen und trostlosen Saline eine goldene Stadt, deren karge Lehmhäuser golden glänzen, deren dürre Ziegen goldene Felle tragen und deren steinige Straßen in Goldstaub gehüllt sind – bis die Dunkelheit der Nacht hereinbricht und allen Glanz auslöscht.

Die Saline

In einer flachen Mulde inmitten des ockergelben Sandes liegen rechteckige, farbige Becken: purpurrot, zitronengelb, rostrot, trüb-violett, jeweils von einem weißen Rand von Salz umgeben. Sie sehen wie die bunte Aquarellfarbe in den weißen Näpfchen eines Malkastens aus. In den Becken steht Salzwasser, das durch die Erde nach oben gestiegen ist und unter der Saharasonne in zwei Wochen verdunstet sein wird. Der weiße Rand ist bereits auskristallisiertes Kochsalz. Nichts kann in diesem extrem salzigen Wasser noch leben, kein Tier und keine Pflanze, nur die Purpurbakterien, die es so bunt färben. Das Wasser selbst stammt nicht von heutigen Regenfällen. Es ist uralt, jahrtausendealt und ist aus den grünen Zeiten der Sahara tief unter der Erde erhalten geblieben.

Wenn das meiste Wasser verdunstet ist, wird der Salzschlamm in ausgehöhlte Stücke von Palmstämmen geschaufelt, wo er trocknet. Dann werden die hohlen Stämme gestürzt – wie Kinder eine Sandkuchenform stürzen. Der Salzkegel kommt hervor: groß wie ein kleines Kind und über 20 Kilogramm schwer.

Die schweren Salzhüte werden gegen die mitgebrachte Hirse eingehandelt oder mit Bargeld bezahlt, dann auf die Rücken der Kamele geladen und mit Stricken festgezurrt. Schon geht es weiter über knackendknirschende Salz-Lehmschollen. Niemand bleibt in der Salzstadt mit ihrem bitteren Salzstaub in der Luft länger als unbedingt nötig.

Die Schmiede: «Der Mensch mag nicht ohne schöne Dinge leben»

Weder zu den Noblen noch zu den Vasallen oder Sklaven gehören die Tuareg-Schmiede. Weil sie sich bei ihren Arbeiten mit Feuer und Blasebalg oft beschmutzen und weil sie sich nicht immer an die vornehmen Höflichkeitssitten der noblen Tuareg halten, werden sie von diesen verachtet. Sie werden aber auch gefürchtet, weil den anderen ihre Arbeit unverständlich, unheimlich und magisch vorkommt.

Die Schmiede bearbeiten Eisen, Kupfer und am liebsten Silber. Eisen gilt ihnen als ein Metall mit einer schlechten Wirkung auf den Menschen. Wenn sie dennoch nicht darauf verzichten können – etwa für eine Messerklinge –, dann versuchen sie diese schlechten Wirkungen durch reine, positive auszugleichen: Zwischen Messerklinge und Griff setzen sie ein Trennstück aus Kupfer oder Silber – möglichst reich verziert –, das verhindert, dass der Messerbesitzer versehentlich die eiserne Klinge berührt.

Die Tuaregschmiede sind bekannt für ihren großflächigen Silberschmuck, oft aus zahlreichen Dreiecken zusammengesetzt, den sie mit großem Geschick und feinen Hämmern auf ihren Ambossen schlagen, falzen, ritzen und löten. Ein einziger ungeschickter Schlag könnte das Schmuckstück unwiederbringlich zerstören. Am berühmtesten sind aber die silbernen Anhänger, die als Grundform ein Kreuz mit einem Ring darüber und drei knaufartigen Endstücken aufweisen: das Kreuz von Agadez (sprich: Agadéss). Jedes Kreuz von Agadez hat eine etwas andere Form, keines gleicht völlig dem anderen. Zuerst knetet der Schmied ein Modell aus Bienenwachs, bis es eine schöne Form hat. Dann drückt er feine Tonerde fest um das Wachsmodell, lässt aber eine Stelle frei. Wenn der Ton getrocknet ist, wird das Ganze im Feuer gebrannt. Dabei schmilzt das Bienenwachs und läuft aus der freien Öffnung heraus. Jetzt macht der Schmied ein sehr heißes Feuer, erhitzt Silberstücke in einem Tiegel und gießt das geschmolzene, flüssige Silber in die hohle Tonform, also dorthin, wo vorher das Wachsmodell steckte.

Ist das Silber erkaltet, zerschlägt er die Tonform – anders kommt der Silberanhänger nicht wieder heraus. Das Modell kann also nur einmal verwendet werden. Jedes Mal muss ein neues geknetet werden, weshalb eben jedes Kreuz von Agadez anders aussieht. Anschließend feilt der Schmied das Kreuz noch gerade, ritzt und verziert es mit Punkten, Linien, Kreisen und Dreiecken.

Hat ein Targi etwa Kamele oder Ziegen verkauft, so kauft er Silberschmuck: Agadezkreuze, Fingerringe, Armspangen und Ohrringe. Das ist wie eine Sparkasse, wo man eingezahltes Geld wieder abheben kann: In Notzeiten verkauft er den Schmuck wieder. Reiche Targia tragen mitunter Dutzende von silbernen Agadezkreuzen an einer Lederschnur um den Hals – niemals aber Goldschmuck, denn Gold gilt als ein Metall, das Unglück bringt.

Die Schmiede verarbeiten aber nicht nur Metalle, sondern auch Holz

Aus Leder und Silber fertigen die Tuaregschmiede verschiedensten Schmuck an.

und Leder – etwa für die berühmten Kamelsättel mit ihrem kreuzförmigen, nach vorne geneigten Sattelknauf, der an den Steuerknüppel eines Flugzeuges erinnert. Sie ziehen dafür nasses Leder über ein Holzgestell. Das trocknende Leder zieht sich zusammen und hält das hölzerne Gestell zusammen – ohne einen einzigen Nagel.

Die Frauen der Schmiede haben das Leder für die Sättel gegerbt, gefärbt und bemalt. Sie nähen auch die ledernen Packsäcke, besticken sie mit bunten Mustern und nähen eine Überfülle langer lederner Fransen in dicken Troddeln daran, die beim schaukelnden Gang der Kamele hin- und herschwanken. «Der Mensch mag nicht ohne schöne Dinge leben.»

Selbst wenn die Tuareg nicht mehr täglich durch die Wüste ziehen, sind sie doch von der stummen Eintönigkeit umgeben. Gegen die armselige Eintönigkeit setzen sie reichhaltige Schönheit: Farben, Muster, Dichtung und Gesang.

4. Ruanda: Land der tausend Hügel – und der furchtbaren Bürgerkriege

Ruanda war ein schönes Land; manche nannten es ein Paradies. Wenn du vor einer Afrikakarte stehst und mit dem Finger auf die Mitte deutest, hast du es fast getroffen. Es liegt nahe am Äquator, unter den intensiven Strahlen der tropischen Sonne. Trotzdem wird es dort nicht über die Maßen heiß. Es bleibt das ganze Jahr über frühlingshaft warm. «Land des ewigen Frühlings» hieß es auch. Ruanda liegt näher am Himmel und näher am Abgrund: Es liegt am Rande des zentralafrikanischen Grabens, wo Afrika aufbricht, auseinander- und emporgedrückt wird. Nur dort, in dem breiten Graben, in dem auch der große Kivusee liegt, kann man tiefer als auf 1500 Meter Höhe hinabsteigen. Am Grabenrand ragt Ruanda am höchsten hinauf – der höchste Vulkan, der Karisimbi, misst über 4500 Meter, fast so hoch wie der höchste europäische Berg, der Mont Blanc. Manchmal schneit es sogar nachts auf seinem Gipfel. Von den Grabenrändern aus fällt das Land in vielen tausend Hügeln allmählich ab. Der größte Teil der Fläche liegt um 1800 Meter hoch, also immer noch viel höher als die höchsten Gipfel von Harz, Schwarzwald oder Vogesen.

Ruanda liegt näher am Himmel: Die Himmelsfarben sind klarer; das Blau der entfernt liegenden Berge erscheint reiner und trockener – wie blau glasierte Keramik. Je höher es liegt, desto kühler und regnerischer, je niedriger, desto heißer und trockener ist es. In Ruanda befinden sich so unterschiedliche Landschaften wie der Regenwald, die Feuchtsavanne und die Dornbuschsavanne, die im übrigen Afrika Hunderte oder Tausende Kilometer auseinanderliegen, auf engem Raum nahe beieinander. Ruanda ist ein kleines Land. An einem Tag kann man auf den drei Asphaltstraßen und den vielen Staub- oder Schlammpisten von der trockensten Savanne in den Regenwald gelangen oder umgekehrt. (Bleibt man allerdings während der Regenzeit in einem der Schlammlöcher stecken, kann die Fahrt sehr lange dauern. Dann sollte man alles dabei haben: Schaufeln und Spaten, um sich wieder freizugraben, aber auch Campingausrüstung, damit man die Nacht im Wald neben der Straße verbringen kann, und natürlich Wasser und Lebensmittel.)

Die Virunga-Vulkane

Doch wo Ruanda näher am Himmel liegt, ist auch der Eingang zur Hölle nahe: Im Nordwesten, an den Grenzen zu Uganda und Kongo, erheben sich wie ein trutziger, unüberwindlicher Block die Virunga-Vulkane – neun große, neben- und hintereinander gestaffelte Vulkane mit über hundert Seiten- und Nebenvulkanen. Schroff ragen sie aus dem Hochland auf. Manche sind schon alt und tief gefurcht von Steiltälern, die der Regen in den lockeren Vulkantuff gewaschen hat: Barrancos. Andere streben schlank und elegant geschwungen bis zum Kraterrand am Gipfel auf. Auch sie sind schon alt, doch ihr Gestein ist noch jung und neu – manchmal erst ein paar Tage alt. Denn sie sind bis heute aktiv.

Einen solchen Ausbruch eines «kleinen» Nebenkraters zu erleben, ist ein unvergessliches Erlebnis: Schon von Weitem ist sein dumpf hereinbrechendes Donnergrollen zu vernehmen – man hört es bereits am Beginn der mehrstündigen Wanderung durch den Bergregenwald am Ende der letzten befahrbaren Urwaldpiste. Nach einigen Stunden Marsch durch den dunklen Wald, immer bergan, endet der Weg

Nur selten sind die Virunga-Vulkane so klar und wolkenfrei zu sehen wie an diesem frühen Morgen. In der Nacht hatte es auf dem Gipfel des Karisimbi geschneit.

plötzlich – und der Wald endet ebenso abrupt: Wie eine schwarzgraue Wand liegt dort drei Meter hohe, erkaltete Lava, hart und spröde. Hier muss man hinaufklettern. Oben ist der Blick frei, der Wald ist weg. Die damals glutflüssige Lava hatte vor zwei Jahren die mächtigen Urwaldriesen wie Streichhölzer geknickt und überwalzt und ist als Stein erstarrt liegen geblieben.

Auf der spröden Lava liegt eine lockere Schicht haselnussgroßer, poröser und von Luftblasen durchsetzter Tuffbröckchen, die mit jedem Schritt unter den Füßen laut und trocken knirschen. Dagegen hört sich das Dröhnen der Vulkanausbrüche alle zehn bis zwanzig Sekunden wie ein Gemenge aus riesigen, brandenden Meereswogen und heftigem Donnergrollen an. Vereinzelt stehen noch Baumgruppen ohne Blätter, ohne Zweige, ohne Rinde: Hier ist keine Lava hingeflossen, hier ha-

ben die im Fallen noch glühenden Asche- und Tuffbrocken den Wald zerstört und meterhoch zugeschüttet. Der Boden ist noch warm und wärmt von unten unser Zelt, das wir am Fuß des Vulkankegels aufgeschlagen haben.

Inzwischen ist die Nacht hereingebrochen, doch die in die Luft geschleuderten, glühenden Lavamassen erleuchten die Wolken von unten feuerrot. Grüne Flammen zucken flirrend hindurch. Auf der Rückseite des Vulkankegels finden wir einen Einschnitt in der Kraterwand. Hier läuft glühendes Magma in einem zwanzig Meter breiten und mehrere Kilometer langen flüssig-goldenen Strom heraus. Felsbrocken, groß wie eine Garage, umspült es zähfließend wie ein Drache, umschlingt sie und führt sie schließlich mit sich fort. Tief aus dem Inneren der Erde strömt ständig weitere Lava und fließt aus dem überquellenden Krater nach. Ununterbrochen schießen glühende Magmabrocken hundert Meter senkrecht hoch in die erleuchteten Wolken. Die meisten stürzen krachend zurück in den glühenden Kratersee im Inneren. Einige fliegen auch über den Kraterrand hinaus, wo sie klatschend auf den Aschehängen landen, orangerot weiterglühen und bald erkalten. Wir gehen fast so nahe heran, wie die Brocken fliegen, und halten zur Sicherheit einen Abstand ein. Doch bei einem besonders laut krachenden Ausbruch sehen wir, dass sie diesmal weiter fliegen werden. Wir behalten die heransausenden Brocken im Auge und weichen ihnen zur Seite aus, als sie über unsere Köpfe fliegen. Wenn sie auf dem Boden aufklatschen, sind sie noch plastisch verformbar. Wir drücken das monströse Kissen an einer Stelle mit unseren Bambusstecken ein. Als wir am nächsten Morgen zurückkehren, liegt dort ein kalter, schwarzgrauer Lavastein mit einer seltsamen Eindel-

◁ *Mit gewaltigem Getöse kracht das Magma aus diesem Seitenkrater des Nyamuragira und strömt als golden leuchtender Strom ins Tal.*

lung. Er sieht aus, als wäre er Tausende Jahre alt – und ist doch erst vor ein paar Stunden entstanden.

Plötzlich zweigt vom ununterbrochen fließenden Lavastrom ein zweiter ab, fließt quer zum ersten, dorthin, wo wir auf dem Hinweg den Berg umrundet haben. Wird er uns den Rückweg zu unserem Zelt abschneiden? Glücklicherweise staut er sich und sammelt sich zu einem golden glühenden See, der schnell abkühlt und schwarz wird. Nur durch die Risse in der erkalteten Lava leuchtet das Gold noch hervor. Vorsicht! Noch ist die feste Lavakruste dünn. Wer darauftritt, bricht hindurch und versinkt in der über 1200 °C heißen Höllenglut. Jeder kann sich vorstellen, wie das ausgeht ... Den Rest der Nacht verbringen wir in unserem Zelt auf der abgewandten Seite des Vulkans, machen aber kein Auge zu. Würde der Wind in der Nacht drehen, dann würde er die glühende Asche und Lavabröckchen über unser Zelt schleudern. Das hält keine Zeltplane aus – und kein Mensch!

Erst als der Vulkan nach mehreren Wochen gänzlich erloschen ist, wagen wir es, den Gipfel und den Kraterrand zu besteigen. Von hier oben, wo noch immer giftige Schwefelgase ausdünsten, werfen wir einen raschen Blick auf die Krateröffnung: erstarrte, eben noch flüssige Lava – der gerade erst geschlossene Eingang zur Unterwelt.

Dies war der Ausbruch eines «kleinen» Nebenkraters. Als der wesentlich größere Hauptkrater des Nyiragongo ausbrach, floss seine Lava vierzehn Kilometer weit, bis an den Rand der kongolesischen Stadt Goma am Kivusee. Im Jahr 2002 floss sie sogar in die Stadt hinein, setzte Häuser in Brand und füllte die Straßen mehrere Meter hoch mit fest werdender Lava. Schließlich erreichte sie den Kivusee, wo das Wasser zischend aufkochte und aufdampfte. Viele Menschen verloren ihre Häuser, etliche sogar ihr Leben. Niemand hat bisher das fest gewordene Lavagestein aus den Straßen entfernt. Dieser Teil Gomas ist unbewohnbar geblieben.

Gorillas im Nebel

Die Gipfel der Vulkane stecken meist in den Wolken. Es regnet fast täglich. Auf dem feuchten Boden wölben sich saftig-grüne Moospolster. Selbst auf den Baumästen wachsen mächtige Mooskissen. Lange, graugrüne Flechten hängen wie uralte, verfilzte Bärte von den Zweigen herab. Die ersten Botaniker, die solche hoch gelegenen, kühlen und nebligen Bergregenwälder betraten, nannten sie «Elfenwälder», weil sie so verwunschen wirkten.

Hier ist die Heimat der letzten Berggorillas. Anders als in Filmen wie «King Kong» dargestellt, ziehen Gorillas meist friedlich in ihren Familien – drei bis vierzig Tiere – durch den feuchten Wald und das Dickicht. Ihr dichter, schwarzer Pelz hält Kälte und Regen ab. Die älteren Männchen bekommen auf dem Rücken einen silbernen Glanz, weshalb sie auch Silberrücken genannt werden. Oft wandern sie auf der Suche nach frischem Sellerie, Labkraut, Bambussprossen oder einem anderen Lieblingskraut an den Grenzen ihres Territoriums entlang. Dabei kontrollieren sie anhand des Geruches, ob ein fremdes Männchen in ihr Gebiet eingedrungen ist. Taucht tatsächlich ein junger Gorillamann ohne Familie auf, der eines oder mehrere Weibchen abwerben will, baut sich der Silberrücken, mit der Seite zu ihm gewandt, drohend vor ihm auf. Die silbernen Rücken- und die Nackenhaare sträuben sich. So wirkt er noch größer, als er ohnehin schon ist. Er zieht die Unterlippe herunter und entblößt die gewaltigen Eckzähne.

Meist zieht sich das jüngere Männchen dann still ins Gebüsch zurück. Falls dieses Drohen nicht hilft, stellt sich der Silberrücken auf die Hinterbeine, läuft auf den Gegner zu, trommelt mit den Fäusten auf den breiten Brustkorb und brüllt laut wiehernd «Uu-uu-uu-uu-uu». Jetzt sieht er wirklich aus wie King-Kong und ist auch äußerst aggressiv. Nicht selten gibt es dann auch einen echten Kampf, in dem jeder

Zwei Berggorillas im Virunga-Nationalpark.

versucht, den anderen am Brustkorb zu erdrücken und ihm mit den scharfen Eckzähnen tiefe Wunden zu reißen.

Vor Menschen haben die Gorillas große Scheu und fliehen vor ihnen unauffällig und still ins Gebüsch, sobald sie sie nur von Weitem hören. Dian Fossey, eine junge amerikanische Kindertherapeutin, kam 1967 hierher, um das Leben der Berggorillas zu erforschen. Sie brauchte viele Monate, bis die Gorillas merkten, dass dieser merkwürdige weiße Affe harmlos war. Sie flohen nicht mehr vor ihr, und Dian Fossey wurde in einige Gorillafamilien mit aufgenommen und konnte so deren Leben aus nächster Nähe erforschen. Einige dieser Familien können heute auch von Touristen besucht werden – falls der Führer sie in dem weiten Bergregenwaldgebiet findet. Mehr als eine Stunde Besuchszeit ist nicht erlaubt, um nicht allzu sehr zu stören.

Bei ihren Untersuchungen fand Dian Fossey immer wieder verletzte oder tote Gorillas mit Wunden. Sie sammelte Tausende von Drahtschlingen ein, die Wilderer ausgelegt hatten, um Waldantilopen zu fangen. Gerät ein Gorilla in eine solche Schlinge, kann er sich zwar leicht mit einem Ruck befreien, die Drahtschlinge aber schneidet sich dabei tief in die Hand oder den Fuß ein. Die Wunde entzündet sich, und der Gorilla stirbt nach langen Qualen daran.

Dian Fossey bildete Wächter aus, die das Gorillagebiet nach Schlingen absuchten und den Virunga-Nationalpark bewachten. Sie versuchte zu verhindern, dass mehr und mehr Bäume abgeholzt wurden und dadurch der Lebensraum der Gorillas immer begrenzter wurde. Sie hielt Vorträge, schrieb Bücher und sammelte Spenden, um die Gorillas zu schützen. Durch sie wurden Ruanda und die Berggorillas in aller Welt bekannt. Sie selbst lebte in einer simplen Blechhütte mitten im immer tropfenden Regenwald in der Senke zwischen den beiden Vulkanen Karisimbi und Visoke. Eines Tages fanden ihre Mitarbeiter sie dort: tot, blutüberströmt und von Machetenhieben entstellt. Der Mörder wurde nie gefunden. Wahrscheinlich war es einer der Wilderer. Er konnte ihrem Leben ein Ende setzen, doch die fast zwanzig Jahre dauernden Bemühungen Dian Fosseys, die Berggorillas zu schützen, konnte er nicht stoppen. Sie sind bis heute erfolgreich.

Die Twa und die Savannen

Früher bedeckten die Bergregenwälder eine viel ausgedehntere Fläche Ruandas. Heute sind sie auf die kleinen Nationalparks beschränkt, die bis an ihre Grenzen von kleinen Äckern oder großen Teeplantagen umzingelt sind. Damals konnten die Jäger der Twa in dem großen Gebiet ungehindert ihre Netze und Fallen aufstellen oder gemeinsam

Nur in den Nationalparks hat sich die Savanne so erhalten, wie sie jahrtausendelang war.

Elefanten mit Pfeil, Bogen und Speeren erlegen. Es gab genug Tiere. Heute sind die Wälder so klein und die Tiere so selten, dass besonders die Gorillas bedroht sind. Aus der Jagd ist damit verbotene Wilderei geworden. Noch früher – das ist allerdings schon über tausend Jahre her – lebten die Twa (oder: Batwa) keineswegs nur in den Regenwäldern, sondern vor allem in den Savannen in ganz Ruanda. Damals waren sie die einzigen Bewohner des Landes – Pygmäen, die etwa 1,20 Meter groß wurden. Sie streiften in kleinen Gruppen durch das Land und jagten Gazellen, Antilopen, Buschböcke, Zebras und Elefanten.

Doch ebenso wie die Regenwälder sind auch die Savannen Ruandas immer kleiner geworden; sie wurden gerodet und beackert. Heute gibt es nur noch im Akagera-Nationalpark größere Flächen von Akazien- oder Dornbuschsavanne. Durch die trockenen Ebenen der Savanne fließt der noch junge Nil, der in den immerfeuchten Bergregenwäldern seinen Ursprung hat. Er staut sich hier, weitet sich aus, schafft Seen und breite Sümpfe, die von übermannshohem Papyrusgras dicht bewachsen sind. So kommt lebenspendendes Wasser in die trockenen Savannen. Viele Tiere können deshalb die ausgedehnten Grasflächen bevölkern. Große Zebraherden weiden zu Beginn der Regenzeit das frische, saftige Gras ab und ziehen dann weiter. Es folgen ebenso große Herden der zierlichen Impala-Antilopen mit ihren anmutig gedrehten und geschraubten Hörnern. Sie grasen das halb abgefressene Gras noch tiefer ab. Kleinere Herden von Wasserböcken, Elen-Antilopen und Wasserbüffeln mischen sich dazwischen.

Unter den Akazienbäumen lagern die Netzgiraffen, die mit ihrer blauen Zunge geschickt um die gefährlich spitzen Akaziendornen herumgreifen und die frischen, kleinen Blätter abzupfen. Elefanten durchwandern große Gebiete des Nationalparks – immer auf der Suche nach besonderen Köstlichkeiten: etwa saftigen Papyrusstängeln, aromatischer Akazienrinde oder den dicken, festen, wie große Würste aussehenden Früchten des Leberwurstbaumes.

In den Papyrussümpfen und Seen suhlen, baden und kühlen sich tagsüber die Nilpferde. Erst in der Dämmerung kommen sie an Land und weiden systematisch große Grasflächen ab. Jeder kann sich vorstellen, wie viel Gras solch ein bis zu drei Tonnen schwerer Koloss jede Nacht braucht, um satt zu werden!

Abends und morgens kommen auch die Zebras, Antilopen und Giraffen an die Fluss- und Seeufer. Das ist gefährlich, denn im flachen Uferwasser lauern die Krokodile auf unvorsichtige Beute. Und im Gebüsch am Ufer könnten sich Löwen und Leoparden versteckt haben. Scheu schauen sich die Durstigen um, bevor sie den Kopf dem Wasser zuneigen. Nachdem sie getrunken haben, verlassen sie den unsicheren Ort eilends wieder.

Wer nur einmal die Savanne besucht hat, wird sie beim nächsten Mal kaum wiedererkennen. Wo sich beim ersten Besuch vielleicht nur trockenes, gelbes Gras hügelauf, hügelab erstreckte, ergrünt ein paar Monate später alles. Weiße und gelbe Lilien, rote Malven oder Orchideen leuchten dazwischen. Beim dritten Besuch ist vielleicht alles voll schwarzer Asche, weil ein Blitz am Ende der Trockenzeit das trockene Gras entzündet hat und ein niedriges Buschfeuer alles verbrannt hat. Dort, wo die Tierherden das Gras kurzgefressen haben, kann nicht viel brennen. Das Feuer wird nicht sehr heiß und versengt Wurzeln und Knospen nicht. Schon ein paar Tage später sprießt frisches Grün aus der schwarzen Asche heraus – und wird von ihr gut gedüngt.

So reichhaltig und abwechslungsreich war das Leben für die Twa, solange sie in den Savannen lebten.

Hutu und Tutsi

Doch vor etwa tausend Jahren – wann genau, weiß niemand, weil in Ruanda damals noch keine Schrift verwendet wurde – wanderten zwei andere Gruppen in das Gebiet der Twa ein: Die Hutu (oder: Bahutu) kamen ursprünglich aus Westafrika; die Tutsi (oder: Watussi) stammen aus dem äthiopischen Hochland. Anfangs waren sie leicht zu unterscheiden:

Die Tutsi züchteten die berühmten Watussirinder mit ihren über einen Meter langen Hörnern. Sie selbst waren schlank, oft bis zu zwei Meter groß, mit schmalen Köpfen und Nasen. Sie siedelten mit ihren Rinderherden im trockenen Osten Ruandas, in den Trocken- und Dornbuschsavannen, die für die Rinderzucht geeignet sind.

Die Hutu waren Ackerbauern, die sich in der Feuchtsavanne, dem größten und fruchtbarsten Gebiet, niederließen. Sie brannten die Savannenbäume nieder und bauten auf kleinen Äckern Hirse, Süßkartoffeln, Bohnen und Bananen an – ohne Pflug, nur mit eisernen Hacken. Sie waren kleiner und hatten breitere Gesichter.

Anfangs lebten Hutu und Tutsi getrennt. Später wurden die Tutsikönige, die «Mwami», auch die Herrscher über die Hutu, obwohl die Hutu die Mehrheit und die Tutsi nur eine kleine Minderheit waren. Hutu und Tutsi heirateten auch untereinander. Heute kann sie ein Europäer meist nicht mehr unterscheiden. Trotzdem weiß jeder sehr genau von sich und von den anderen, ob er oder sie zu den Hutu oder Tutsi gehört. Das konnte sich allerdings auch ändern: Ein Hutu, der viele Kühe besaß – eigentlich eine Eigenschaft der Tutsi –, wurde damit zum Tutsi.

Ruanda wurde als eines der letzten Länder Afrikas von europäischen Expeditionen «entdeckt», weil es so abgelegen und unzugänglich war. Als im Jahr 1894 die erste Expedition des deutschen Grafen von Goetzen Ruanda erreichte und kennenlernte, fand sie einen komplizierten Königsstaat mit zahlreichen Kriegern vor. Die Minderheit der bessergestellten Tutsi beherrschte die Mehrheit der Hutu, die unter wesentlich bescheideneren Verhältnissen lebte.

Für die Twapygmäen war seit der Einwanderung der Hutu und Tutsi nicht mehr viel Platz: Einzelne zogen sich in die Wälder zurück. Andere wurden zwergenartige Hofnarren an den Königshöfen der langwüchsigen Tutsi, wieder andere Goldgräber oder Handwerker. Als Töpfer formen sie die großen Tontöpfe, die als Vorrats- und Wassergefäß dienen. Bis heute benutzen sie dazu keine Drehscheibe, sondern bauen die Gefäße, auf dem Boden sitzend, Stück für Stück auf und verzieren sie dann mit einfachen Mustern. Es gibt keinen Brennofen. Die Tongefäße brennen sie über einem offenen Holzfeuer und verkaufen sie anschließend auf dem Markt.

Hütten, Häuser und Hügel

Die Goldgräber in den Regenwäldern Ruandas finden keine großen Nuggets. Sie graben den roten Waldboden auf, leiten einen Bach um und durchspülen den Boden mit Wasser. Barfuß stehen sie in den wassergefüllten Becken und schwenken große, flache, mit Wasser und Erde gefüllte Pfannen. Während der leichtere Sand dabei in der Mitte liegen bleibt, treibt das schwerere Gold an den Rand. Winzige Goldflitter picken sie so heraus. Manchmal reicht der Erlös eines Tages gerade für eine Mahlzeit. Manche ernähren sogar eine Familie, die oft weit weg, außerhalb des Waldes, lebt. Die Goldgräber bauen sich nur einfachste Hütten: einige Holzstangen als Gerüst, über das sie große Blätter flechten. Ganz dicht wird eine solche Laubhütte nicht, aber den gröbsten Regen hält sie ab. Selbst die Königshütte des Mwami war sorgfältig aus Holzstreben und Blättern gebaut: wie ein mehrstöckiger Bienenkorb mit Schindeln aus Bananenblättern, ohne Fenster, aber mit einem breiten, von Stützen getragenen Eingang.

Vielleicht bauten die Twa ihre Hütten früher immer so. Niemand erinnert sich daran. Heute bewohnen sie die gleichen Hütten wie alle anderen: entweder rund oder rechteckig. Beide werden genauso gebaut: Zuerst planiert der Hausbauer sein Gelände und gräbt vier halbmetertiefe Löcher für die Hauptpfosten aus jungen Baumstämmen. Stehen diese fest, so nagelt er Queräste dazwischen, an die er wiederum senkrecht stehende Stämmchen nagelt oder flicht. Sind so die Wände – rund oder eckig – erstellt, bewirft er sie mit nassem Lehm, den er mit einem Brett glattstreicht. Der Lehm trocknet dann und wird steinhart. Bei kleinen Hütten bleibt außer der Tür nur eine kleine Lücke für die Luft. Bei größeren Hütten bleiben ein oder zwei Rahmen frei, die mit Holzladen verschlossen werden können. Glasfenster gibt es nur in den Städten.

Die Hütten liegen nicht in einem Dorf, sondern einzeln, von Gärten mit Bananenstauden umgeben.

Runde Hütten bekommen immer ein kegelförmiges Dach aus Elefantengras, einem mehrere Meter langen, kräftigen Gras. Rechteckige Hütten werden meist mit Wellblech gedeckt. Wer es sich leisten kann, streicht seine Hütte weiß – sonst bleibt der Lehm unverputzt. Manchmal stecken große Glimmerplättchen in dem Lehm. Dann glitzert das Haus im Sonnenschein. Ein Trupp Arbeiter baut solch ein Haus in einer Woche. Es ist natürlich nicht so stabil wie ein Steinhaus: Der Lehm wird rissig, der Regen spült immer etwas ab. Irgendwann fressen die Termiten das Holz auf. Doch zwanzig Jahre hält es meist.

In den Städten werden die Häuser aus gebrannten Ziegeln gebaut. Der Lehm wird in den sumpfigen Talböden abgestochen und in Holzformen gedrückt. Wenn die Ziegel an der Luft getrocknet sind, werden sie zu großen, mehrstöckigen Bauten übereinandergestapelt. In der

Zu großen Meilern gestapelt, werden die Ziegel mit Eukalyptusholz hart gebrannt.

Mitte bleibt ein hohler Innenraum, und an den Seiten werden große Öffnungen ausgespart. Hier werden ganze Baumstämme hineingeschoben, und ein Feuer wird entzündet. Mehrere Tage muss der Ziegelmeiler brennen, bis die Ziegel fest gebacken sind.

Es gibt keine Dörfer in Ruanda. Jedes Haus steht inmitten seiner – meist sehr kleinen – Äcker und ist von einer Dornenhecke umgeben. Es gibt keinen Dorfplatz, wo man sich treffen könnte. Jede Familie wohnt für sich. Der Hügel, auf dem die Häuser stehen, ist wie eine Dorfeinheit. Er hat einen Namen und ist die Wohnadresse: zum Beispiel Hügel Tumba in der Gemeinde Gikóngoro. Braucht jemand dringend Hilfe, so schreit er laut. Die Nachbarn, die es hören, sind verpflichtet, zu Hilfe zu eilen. Ein Kranker wird dann auf einer Trage bis zur nächsten Straße getragen, wo ihn hoffentlich ein Auto zur Krankenstation mitnimmt.

Da die meisten Ruander kein Geld haben, um Steuern zu bezahlen, leisten sie ihren Teil an den Arbeiten für die Gemeinschaft anders: Einmal in der Woche versammeln sich alle, reparieren etwa die Straße und füllen die Schlaglöcher auf, die während der letzten Regenzeit entstanden sind.

Tägliches Leben

In den einfachsten Hütten gibt es keine Möbel, nur einige aus Gras geflochtene Körbe zur Aufbewahrung. Aus breiten Gräsern geflochtene Matten dienen als Schlafstelle. Sie sind aber auch die Unterlage, wenn vor der Hütte Hirse oder Bohnen zum Trocknen ausliegen. Da sich das tägliche Leben meist auf dem Boden abspielt, wo Schlangen und Skorpione häufig sind, lassen die Mütter ihre kleinen Kinder nicht auf dem Boden spielen, sondern tragen sie immer bei sich auf dem Rücken. Sie binden ein großes, weiches Stück Leder wie einen Rucksack, aus dem die Kleinen nicht herausfallen können, selbst wenn die Mutter sich bückt. So sind sie immer bei ihrer Mutter: bei der Hausarbeit, beim Gang zu den Äckern, beim Hacken, Pflanzen, Wasserholen oder Kochen. Oft tragen auch die älteren Schwestern ein kleines Geschwister. Niemals ist ein Kind allein.

Selbst in modernen Steinhäusern besteht der Küchenherd oft nur aus drei Steinen auf dem Boden. Darauf steht der rußgeschwärzte Aluminiumtopf. Darunter ist Platz für das brennende Reisig oder Holz. Das Brennholz müssen Frauen und Kinder täglich sammeln. Manchmal sind sie stundenlang unterwegs, denn Holz wird immer knapper in einem Land, in dem die meisten Bäume bereits abgeholzt sind. Manche Bauern pflanzen selber Sträucher und Bäume an ihre Feldränder.

Da es nur eine Feuerstelle gibt, kochen die Frauen meist Eintopf: Kochbananen, Hirse mit Bohnen oder bei den Ärmsten Maniokbrei. Maniok wächst auch noch auf den schlechtesten Böden. Seine dicken Wurzeln enthalten ein starkes Gift und müssen gewässert werden, damit sie essbar werden. Maniok macht zwar satt, enthält aber kaum andere lebenswichtige Stoffe für den Körper und schmeckt nach nichts. Auch bei den Gewürzen sind Ruander genügsam: Außer Salz verwenden sie nur ein einziges Gewürz: «Pili-pili», ein scharfes Pulver aus roten Chilischoten. An Festtagen wird auch einmal ein Huhn oder eine Ziege geschlachtet, und die Fleischstückchen werden auf kleinen Spießen gegrillt.

Als die ersten Europäer Ruanda erreichten, kleideten sich die meisten Ruander in Stoffstücke, die sie selber herstellten. Dazu klopften sie die Bastrinde eines Feigenbaumes mit Holzschlegeln weich, sodass filzartige Stoffe entstanden. Doch schon damals hatten die Mitglieder des Königshofes und die Krieger Edleres an: weite, gemusterte Baumwolltücher als Umhang.

Heute tragen die meisten Ruanderinnen ein weites Stück Baumwollstoff als Tuch um die Hüften geschlungen, dazu eine Art Polohemd. Darüber ziehen sie oft ein weiteres Tuch des gleichen Stoffes: wie eine Stola über die Schultern geworfen oder um die Brust gewickelt, manchmal auch als Sonnenschutz über den Kopf des Säuglings gezogen. Der Stoff wirkt in den bunten Farben und den großen Mustern sehr afrikanisch, wird aber meist in Holland bedruckt.

Die Männer tragen die Kleider, die in Europa abgelegt und in Kleidersammlungen gegeben werden. In ganz Afrika werden diese etwas ausgebessert auf den Märkten verkauft. Die Schneider, die mit ihren Nähmaschinen auf den Märkten unter offenem Himmel sitzen, haben deshalb nur noch wenig Arbeit. Sie nähen oft lediglich die Schuluniformen: khakifarbene Hosen für die Jungs, blaue Röcke für die Mädchen; und natürlich die Gefängniskleidung: Diese ist auffällig schweinchenrosa, damit ein ausgebrochener Gefangener sofort erkannt wird.

Bevor die Europäer kamen

Ruanda ist heute ein Land der Sicherheitsschlösser: Vor der Tür jeder noch so kleinen Hütte hängt ein dickes Vorhängeschloss. Jedes größere Feld wird bewacht. Wenn es dunkel wird, nehmen vor den größeren Häusern die Nachtwächter ihre Plätze ein. Jeder hat Angst, dass ihm etwas gestohlen oder dass er überfallen wird.

Das war früher wahrscheinlich nicht anders. Nur gab es in Ruanda noch keine Schlösser. Damals begaben sich viele ärmere Bauern in den Schutz eines Reichen, meist eines Tutsi-Rinderzüchters mit vielen Rindern. Dieser wurde «Patron» genannt und verpflichtete sich, seine Klienten vor allen Gefahren zu beschützen. Der Klient verpflichtete sich, dem Patron mit allen Kräften und in allen Belangen zu helfen. Oft wurden ihm eine oder mehrere Kühe geliehen, die er hütete und von deren Milch er etwas abbekam.

Der Patron schützte seine Klienten selbst gegen das Gesetz, etwa vor Gericht, wenn diese einem anderen etwas gestohlen hatten. Er versorgte aber auch die Angehörigen, wenn der Klient starb. So wurde er wichtiger als die eigene Familie. Der Patron war in allen Fragen der Chef, egal, ob es um Beruf oder Privates ging. Der Klient war immer der Untergeordnete. Er durfte nicht widersprechen, sondern musste stets tun, was von ihm verlangt wurde. Selbst wenn er heiraten wollte, musste sein Patron zustimmen. Es war wie bei einem sehr kleinen Kind, dem von seinem Vater alles vorgeschrieben wird, weil es selber noch unerfahren ist. Doch anders als ein Kind durfte der Klient niemals «erwachsen» werden. Es kam zwar vor, dass auch ein ärmerer Tutsi Klient eines Reicheren wurde, doch meist waren es Hutu, die sich einem Tutsi unterordneten und von ihm völlig abhängig wurden.

Der Patron seinerseits war auf dieselbe Weise dem Mwami untertan. Dem Mwami gehörte offiziell alles Land, und er konnte es nach Belieben dem einen entziehen und dem anderen zusprechen. Er war auch Herrscher über Leben und Tod. Er konnte ungestraft seinen neuen Bogen oder eine Lanze «erproben» und damit einen ehemaligen Freund oder seine unbeliebt gewordene Frau ermorden.

In dieser Atmosphäre von Abhängigkeit und Angst wagte niemand, offen eine andere Meinung zu äußern. Wenn etwas gemeinsam entschieden werden sollte, richtete sich jeder nur nach der Meinung des Patrons oder des Mwami. Selbst wenn er ganz anders dachte, lernte er dies zu verschweigen. Er lernte, äußerlich etwas anderes zu sein als innerlich: äußerlich ruhig zu bleiben, selbst wenn er in seinem Inneren vor Wut kochte. Auch wenn der Klient etwas tun sollte, das ihm unangenehm war oder falsch vorkam, durfte er nicht offen etwas dagegen sagen, sondern musste es ohne Widerspruch tun. Aber er suchte nach Ausreden, Entschuldigungen oder Lügen, um es vielleicht doch zu vermeiden. Eine Beleidigung rächte ein Ruander niemals in spontanem Zorn, sondern hörte sie mit unbeteiligter Miene an. Insgeheim aber schmiedete er Pläne und wartete auf eine Gelegenheit, sich zu rächen – vielleicht erst nach Jahren. Äußerlich blieb er unverändert, aber er rührte bereits das Gift an, das er in das Essen seines Beleidigers mischen würde. Oder er übte heimlich schwarze Magie und Zauberei, um dem anderen zu schaden.

Als später die ersten Missionare der christlichen Kirchen nach Ruanda kamen, wurden sie von vielen Ruandern ebenfalls als «Mächtige» angesehen, in deren Schutz sie sich begaben. Auch dort taten sie, was von ihnen verlangt wurde, auch wenn sie im Inneren ganz anders dachten.

Kolonialzeiten

Seit dem 17. Jahrhundert hatten Engländer, Franzosen, Spanier, Portugiesen, Italiener, Holländer und Deutsche an fast allen Küsten der Welt Gebiete und Länder erobert oder mit den Bewohnern Verträge geschlossen. Um Streitereien und mögliche Kriege um die übrigen Länder zu vermeiden, setzten sich Vertreter dieser Kolonialmächte in den Jahren 1884 und 1885 zur «Kongokonferenz» in Berlin zusammen. An großen Weltkarten teilten sie mit dem Lineal die Welt unter sich auf. Demjenigen, der ein Stück Küstengebiet erobert hatte, sollte das gesamte dazugehörige Hinterland zufallen, so weit, bis es an das Hinterland einer anderen Kolonialmacht stieß. Die betroffenen Länder oder ihre Könige wurden nicht berücksichtigt oder gar gefragt. Man hielt sie allesamt für primitiv und unterentwickelt und meinte, sie sollten froh sein, dass ihnen der Fortschritt der europäischen Zivilisation gebracht würde.

Deutschland hatte Eroberungen in dem damals «Tanganjika» genannten Gebiet an der ostafrikanischen Küste gemacht.* Nach der Berliner Konferenz fielen damit die landeinwärts gelegenen Länder Burundi und Ruanda an «Deutsch-Ostafrika». Der ruandische König wusste von dieser Konferenz nichts. Als die ersten deutschen Gesandten mit Mwami Yuhi V. verhandelten, überzeugten sie ihn davon, einen Schutzvertrag zu unterschreiben. Der König fürchtete die Deutschen wegen ihrer geringen Zahl nicht, erhoffte sich aber von ihren modernen Maschinengewehren Schutz vor seinen feindlichen Nachbarkönigreichen. Für die Deutschen aber war dieser Vertrag nur der erste Schritt zu einer Unterwerfung und Kolonialisierung. Sie erhofften, später getrocknetes Fleisch, Hirse und Bohnen aus Ruanda nach

* Das heutige Tansania ohne die Insel Sansibar.

Deutschland ausführen zu können. Als Vorbereitung begannen sie mit dem Bau von Schulen und Krankenhäusern und planten sogar, eine Eisenbahnstrecke bis zur Küste zu bauen. Dazu kam es aber nicht. Denn schon während des Ersten Weltkrieges besetzten belgische Truppen das Land. Nach dem Krieg erklärte der Völkerbund (der Vorläufer der Organisation der Vereinten Nationen, UNO*) Ruanda zum belgischen Mandatsgebiet. Ruanda wurde also von den Belgiern verwaltet, wobei der Mwami im Amt blieb.

Im Jahr 1961 wurde der König durch eine Revolution abgesetzt und Ruanda wurde zu einem unabhängigen Land: Republik Ruanda.

Während der Kolonial- und Mandatszeit hatten Deutsche und Belgier eine militärische und zivile Verwaltung aufgebaut. Auf fast allen höheren Stellen waren mächtige Tutsi eingesetzt, obwohl diese weiterhin nur eine Minderheit im Land waren. Als den Belgiern auffiel, dass das ungerecht war und vielleicht gefährlich werden könnte, nahmen sie in die Schulen und Ausbildungen fast nur noch Hutu auf, sodass diese besser ausgebildet wurden, damit sie später führende Stellen einnehmen konnten.

Durch alle diese Maßnahmen wurde der Unterschied zwischen Hutu und Tutsi immer wieder hervorgehoben. Ja, er wurde sogar in den ruandischen Pässen eingetragen. Die Twa waren zu der Zeit schon nur noch eine winzige Minderheit. Als die ersten Wahlen stattfanden, wählte die große Mehrheit der Hutu eine Huturegierung. Die bis dahin herrschenden, reichen Tutsi fürchteten um ihr Leben, und viele flüchteten mitsamt ihren Rinderherden in das benachbarte Ausland.

Die unabhängige Republik Ruanda sollte eigentlich demokratisch

* *UNO:* Abkürzung für United Nations Organization. Die UNO wurde nach dem Zweiten Weltkrieg von 192 Ländern gegründet. Ihre wichtigste Aufgaben sind, den Frieden auf der Welt zu bewahren sowie die Menschenrechte zu schützen. Der Hauptsitz ist New York. Der Vorläufer der UNO war der nach dem Ersten Weltkrieg gegründete *Völkerbund.*

werden, also vom Volk geleitet und selbst regiert werden. Doch schon bald vertrieb der oberste General den gewählten Präsidenten, und das Militär regierte das Land. Kritik an der Militärregierung war nicht erlaubt. Für einen Witz über den General konnte ein Ruander ins Gefängnis kommen. Die Menschen gewöhnten sich daran, dass ihnen wie früher alles vorgeschrieben wurde und sie weiterhin nicht frei reden und entscheiden durften.

Der Bürgerkrieg

Obwohl Ruanda ein kleines Land ist – nur ein Drittel so groß wie Österreich –, lebten dort doch etwa genauso viele Menschen. Jedes Stück Land – wenn es nicht gerade Nationalpark ist – wird beackert, oder es weiden Rinder darauf. Das ging jahrhundertelang recht gut, solange der Boden fruchtbar war. Die Äcker der Hutu und die Weidegebiete der Tutsi waren aber getrennt. Die ununterbrochen bewirtschafteten Äcker bekamen keinen Mist der Kühe als natürlichen Dünger und wurden immer dürrer und unfruchtbarer.

Zur gleichen Zeit wurden immer mehr Kinder geboren. Die Familien wurden immer größer. Aber die Felder und die eingebrachten Ernten blieben gleich groß. Neues Land, auf das die Bauern hätten ausweichen können, gab es nicht. Entwicklungshelfer aus Europa zeigten ihnen, wie sie den Boden wieder verbessern und auf ihren Äckern mehr ernten könnten. Aber das geschah nur an wenigen Stellen. In den 1980er-Jahren fiel dann zu wenig Regen. Die ohnehin schon geringe Ernte war noch geringer und fiel auf manchen Feldern ganz aus. In einigen ärmeren Regionen wurden die Vorräte so knapp, dass Menschen verhungerten. Den Reicheren ging es auch schlechter als zuvor, doch sie litten nicht so sehr darunter. Es gab keine Möglichkeit, Geld zu verdienen, um etwa Lebensmittel zu kaufen. Es gab nur die Arbeit auf den zu kleinen Feldern. Die kräftigen jungen Männer hatten nichts zu tun. Sie lungerten herum und schlossen sich zu Banden zusammen.

Alle bemerkten, dass es im Land schlechter ging als zuvor. Doch kaum jemand durchschaute, woran das lag. Kritik an der Regierung war ja verboten. Was sie tat, konnte also gar nicht falsch sein, oder? Was aber war der Grund, weshalb es allen schlechter ging?

Zur selben Zeit, 1990, versuchten die Tutsi, die zu Beginn der Unabhängigkeit Ruandas ins Ausland geflüchtet waren, zurückzukommen. Sie hatten in Uganda Schutz und Aufnahme gefunden und hohe militärische Posten erlangt. Inzwischen hatten sie selber Waffen gekauft und versuchten jetzt mit Waffengewalt nach Ruanda zurückzukehren.

Jetzt glaubten einige extremistische Hutu zu verstehen: «Es geht vor allem den Ärmeren, also den Hutu, besonders schlecht. Den Reicheren, den Tutsi, geht es zwar auch schlechter, aber immer noch wesentlich besser. Also können doch nur die Tutsi schuld sein! Außerdem kann man ja sehen, dass die Tutsi das Land zerstören wollen, weil sie es mit Gewalt angreifen.» Diese Hutu hatten schon seit längerer Zeit begonnen, viele arbeitslose junge Männer militärisch auszubilden; sie hatten Waffen im Ausland gekauft und hereingeschmuggelt. Außerdem stellten sie Listen mit den Namen und Adressen aller Tutsi im Lande zusammen. Über einen neuen Radiosender hetzten sie voller Hass gegen alle Tutsi im Lande: «Die Tutsi wollen das Land zerstören.» Sie seien Feinde der Hutu und seien nicht besser als Kakerlaken, die die Erntevorräte auffräßen. Man müsse sie wie Kakerlaken zertreten!

1994 traf eine Rakete das landende Flugzeug des ruandischen Staatspräsidenten, sodass es abstürzte. Das war das verabredete Zeichen: Überall kamen die heimlich ausgebildeten Hutubanden hervor. Mit

Gewehren, Pistolen und Raketenwerfern bewaffnet, drangen sie in die Häuser ein und töteten alle Tutsi, die auf ihrer Liste standen – außerdem alle, die wie Tutsi aussahen oder auch Hutu oder Europäer, die ihre Mitarbeiter beschützen wollten. Überall errichteten sie Straßensperren, an denen sie die Papiere kontrollierten: Tutsi wurden gleich umgebracht; wer sich nicht ausweisen konnte, ebenso. Schlimmer noch: Überall auf den Hügeln in ganz Ruanda holten die Hutubauern ihre Erntemacheten hervor und brachten ihre Tutsinachbarn brutal um. Warum? Die Radiosender hatten den Hass auf die Tutsi geschürt und die Hutu aufgefordert, alle Tutsi umzubringen. Statt auf das eigene Gewissen zu hören, folgten sie blindlings den Aufforderungen aus dem Radio – gewohnt, alles zu tun, was ihnen befohlen wurde.

Viele Tutsi – Mütter, Kinder, Großmütter – versuchten in die Kirchen zu flüchten. Doch auch dort brachten sie die Hutubanden um. Die meisten Priester, Nonnen und Bischöfe halfen ihnen nicht. Hatten sie selber Angst vor den Mörderbanden oder wollten sie die Tutsi nicht schützen? Half denn niemand den Schutzlosen? Doch: Einzelne Priester oder Polizisten hatten den Mut, Flüchtlinge in verborgenen Räumen oder Kellern zu verstecken. Einzelne Fischer brachten sie mit ihren Kähnen über die Sümpfe des Nils ins Ausland und in Sicherheit. Ein einziger Manager des «Hotel des Milles Collines» in Kigali nahm Flüchtlinge in das Hotel auf. Über tausend Tutsi konnte Paul Rusesabagina vor dem sicheren Tod retten und später zum Flughafen lotsen. Alle Telefonleitungen im Land waren gekappt. Aber eine Faxleitung des Hotels war, wie durch ein Wunder, intakt geblieben. Paul konnte nicht nur die Außenministerien europäischer Länder anrufen, sondern auch die Hutugeneräle, die er persönlich kannte. Es gab keinen Schutzzaun um das Hotel. Paul war nicht bewaffnet. Dennoch hielt er die Hutubanden davon ab, das Hotel zu stürmen und die Flüchtlinge umzubringen. Wie schaffte er das? «Ich habe mich einfach geweigert», sagte er später schlicht. Paul Rusesabagina folgte nur seinem Gewissen.

Und was tat das Ausland, das doch spätestens seit Pauls Anrufen wusste, wie katastrophal es in Ruanda stand? Die UNO schickte Soldaten, eine kleine Truppe, die durch ihre blauen Helme unverwechselbar waren. Sie fuhren bewaffnet in Panzern durch die Hauptstadt Kigali und mussten dem grausigen Treiben zusehen. Warum griffen sie nicht ein? Sie durften nicht. Sie durften sich zwar selber verteidigen, aber nicht das Morden verhindern. So hatte es die Versammlung der UNO beschlossen – viele Tausende Kilometer von Ruanda entfernt und offenbar nicht richtig informiert, wie grausam es dort wirklich zuging.

Doch General Dallaire, der kanadische Oberbefehlshaber der Blauhelmtruppen, musste sich an diesen Befehl halten. Als er im Schützenpanzer durch Kigali fuhr, hoffte er, dass einer der Mörder den Panzer berühren würde. Dann hätten sie in «Selbstverteidigung» zurückschießen können. Aber das geschah nicht.

Wie viele Menschen in diesen Tagen grausam umgebracht wurden, weiß niemand genau. Waren es achthunderttausend oder noch mehr? Es war eine der größten menschlichen Katastrophen und ein völliges Versagen der zivilisierten Welt. Wie ging es aus? Die aus Uganda zurückkehrenden Tutsitruppen eroberten schließlich die Hauptstadt Kigali. Daraufhin flohen hunderttausende Hutu – die vielen Mörder und die wenigen Unbeteiligten – aus Angst vor Rache. Eine neue Regierung aus Hutu und Tutsi setzte sich ein. Sie versprach ein Ende der Rache und eine gerichtliche Verurteilung der Schuldigen. Nach mehreren Jahren kamen die geflohenen Hutu zurück.

Heute leben Hutu und Tutsi wieder als Nachbarn auf ihren Hügeln: entkommene Mörder, Plünderer und Vergewaltiger zusammen mit ihren überlebenden Opfern. Jeder weiß vom anderen. Jeder weiß, in welchem Haus seine geraubten Möbel stehen, wer in seinem jetzt besetzten

Haus wohnt oder wer den Bruder und die Mutter umgebracht hat. Wie soll ein Mädchen in der Schule lernen können, wenn der Lehrer wie der Mörder ihrer Mutter aussieht und wenn ein Gebüsch vor der Schule aussieht wie dasjenige, hinter das ihr Vater geführt wurde und nie wieder hervorkam? Kann man so lernen? Kann man so miteinander leben? Oder wird bei nächster Gelegenheit der Hass erneut hervorbrechen?

Esther Mujawayo hatte Glück im Unglück: Ihre Eltern und Geschwister waren umgebracht worden. Doch mit ihren drei Töchtern konnte sie sich in das «Hotel des Milles Collines» flüchten. Sie hatte noch einmal Glück, weil sie aus Ruanda nach Uganda und Belgien fliehen und später in England und Deutschland arbeiten konnte. Doch wie lebt ein Mensch, dem über hundert Familienangehörige ausgelöscht wurden, der seine Heimat, seine Freunde und alles verloren hat? Viele, denen es so erging, verzweifelten. Doch Esther hatte wiederum Glück und war entschlossen, noch einmal ganz von vorne anzufangen. Sie bildete sich zur Therapeutin aus. Dann gründete sie einen Verein, der den Überlebenden des Ruanda-Massakers in Europa hilft: Frauen, die vergewaltigt und dabei mit dem AIDS-Virus HIV angesteckt wurden; Kindern, die mit ansehen mussten, wie ihre Eltern umgebracht wurden. Sie hilft ihnen in allen praktischen Fragen ihrer neuen Heimat. Doch am meisten hilft sie durch Zuhören: In Europa will oft niemand hören, wie es den Überlebenden wirklich ergangen ist, weil es gar zu schrecklich ist. Esther kann ihnen zuhören, weil sie dasselbe erlebt hat. Und sie kann ihnen ein bisschen von dem zurückgeben, was die Menschen zuallererst verloren haben: ihre eigene Würde.

5. Namibia

Die abgelegensten Stellen der Erde haben Menschen zu Fuß erreicht, und sie haben die allerhöchsten Berge zu Fuß bestiegen. An den kältesten Stellen der Welt, in Sibirien, und in den heißen Wüstengebieten Saudi-Arabiens, selbst am Nord- und am Südpol sind Menschen gewesen. Doch noch nie hat ein Mensch Afrika von Norden nach Süden durchwandert. Zu gewaltig sind die Entfernungen in der lebensbedrohenden Sahara; zu viel Wasser müsste ein solcher Wanderer auf seinem Rücken mit sich tragen, um nicht zu verdursten. Der Regenwald im Zentrum Afrika ist undurchdringlich, sumpfig und matschig, voll stechender Moskitos und saugender Blutegel, sodass es schon eine gewaltige Pionierleistung war, als Michael Fay 1999 den Regenwald von Zentralafrika bis an die Küste von Gabun zu Fuß durchquerte. Nach 455 Tagen und über zweitausend Kilometern waren er und seine Begleiter völlig erschöpft und ausgelaugt.

Wenn eine vollständige Afrikadurchquerung doch möglich wäre, könnte der unermüdliche Wanderer erst einmal durch das angenehme Mittelmeer-Küstengebiet laufen, dann müsste er sich durch die tödliche Sahara, danach durch wildreiche Trocken- und Feuchtsavannen und schließlich durch den Regenwald kämpfen. Wenn er dies geschafft hätte, käme das Gleiche noch einmal, nur in umgekehrter Reihenfolge: vom immerfeuchten Regenwald über Feucht-, Trocken- und Dornbuschsavannen wiederum durch eine Wüste, um zum Schluss in Südafrika wieder ein angenehm warmes Klima, ähnlich wie am Mittelmeer, zu erreichen.

Die Namib

Das trockenste, ödeste und «wüsteste» Teilstück dieser Wanderung auf der Südhälfte Afrikas wäre der 100 Kilometer breite und weit über 1000 Kilometer lange Streifen entlang der südwestafrikanischen Küste: die Wüste Namib. Sie gab dem Land Namibia den Namen. Nur einen kleinen Teil der Namib bedecken die Sanddünen. Und doch sind sie die imposantesten Erscheinungen. Über hundert Meter hoch ragen die höchsten Dünen Namibias. Manche Menschen halten sie gar für die höchsten Dünen der Welt. Ununterbrochen pfeift der Wind von der flacheren Seite der Düne. Ohne Pause treibt er die Sandkörner den Hang hinauf: In weiten Sprüngen hüpfen sie vom Wind geblasen immer höher bis an die Dünenkante. Dort stürzt der Hang steil abwärts. Der Sand rieselt langsam die Hangkante hinunter. Ein falscher Tritt jedoch – und ein breites Brett aus Sand löst sich, rutscht hinab, reißt den Unvorsichtigen mit sich und begräbt ihn im Sand.

Der Wind bläst die Düne nicht zu einem unförmigen Haufen, sondern zu einer elegant geschwungenen Sichelform, der Sicheldüne oder dem Barchan. Die dem Wind rund entgegengewölbte Rückenseite steigt flacher an. Die dem Wind abgewandte Seite bricht steiler ab, ist aber zu zwei spitzen Zipfeln ausgezogen, sodass die ganze Düne wie ein Hörnchen aussieht. Vom Wind getrieben wandert der Barchan mit den Zipfeln voran über das härtere Untergrundgestein. Nur wenn ein großer Fels im Weg liegt, schafft die Düne es gerade noch, auf ihn draufzuwandern, stockt dann aber und hängt fest. Auch die Riesendünen bestehen gar nicht ganz und gar aus Sand, sondern stocken fest auf einem Felskern und wandern nicht mehr.

Immer neuen Sand bläst der Wind an die Dünenfelder heran. Er kommt aus dem felsigen Hinterland. Dort sind die Felsen ohne Erde und ohne Pflanzen ungeschützt der Hitze des Tages und der Kälte der

Nacht ausgesetzt. Sie zerspringen und zerbröckeln zu kleinen und immer kleineren Brocken und Körnchen. Die allerkleinsten Teilchen, den Staub, trägt schon ein schwacher Wind als Staubsturm davon. Tausend Meter hoch ist eine solche Staubsturmwolke und viele Kilometer breit und lang. Brüllend wie ein gigantisches Untier verschluckt sie das Sonnenlicht und verdunkelt den hellsten Tag zu fahler, ockerbrauner Dämmerung.

Wenn der Staubsturm vorübergezogen ist, sind von den zerbröckelten Felsen nur die groben Brocken und der Sand liegen geblieben. Ein stärkerer Wind bläst dann den Sand davon. Er sammelt ihn, fegt und trägt ihn zusammen, bis er zuerst kleine Sandrippeln und dann echte Dünen zusammengehäuft hat, die anfangen zu wandern: bis zu dreißig Zentimeter am Tag. Wenn der Wind seine Richtung ändert, treibt er auch die Düne andersherum. Wechselt er mehrfach, wird aus der Sichelform der Barchane eine Sternform: ein Stern aus Sand, mitten in der Wüste!

Selbst am Ufer des gewaltigen Atlantiks mit seinen unermesslichen Wassermassen liegen die Sanddünen der Wüste. Wie kommt es, dass es sogar hier, in Sichtweite des Wassers, so extrem trocken ist? Eine besondere Meeresströmung, der Benguelastrom, fließt entlang der Namib: Er zweigt aus dem Strom ab, der ununterbrochen das Eisgebiet der Antarktis umkreist und entsprechend kalt ist. Das kalte Wasser verdunstet kaum, es entstehen keine Wolken. Also regnet es fast nie. Nur ein dicker Nebel steigt in der späten, zweiten Nachthälfte auf und hüllt morgens alles in eine graue, feuchte Trübe. Doch am Mittag hat er sich bereits spurlos aufgelöst.

Wie soll irgendjemand in dieser Trockenheit leben können? Keine «normale» Pflanze, kein «normales» Tier bekäme hier genügend Wasser. Völlig kahl liegen die Sanddünen im Wind. Und doch: An einigen wenigen Stellen zeigt sich kärgliches Leben. Hier wachsen graue Flechten, jene eigentümlichen Mischwesen aus Algen und Pilzen, die

Wenn der Wind mehrfach dreht, wird aus der Sichelform der Dünen eine Sternform.

wie Miniatursträucher aussehen, aber keine Wurzeln haben. Die würden ihnen auch gar nichts nützen, denn aus dem trockenen Wüstensand könnten sie ohnehin kein Wasser saugen. Vertrocknen sie nicht? Nein. Der Nebel der Nacht legt sich als feinste Tröpfchen auf sie nieder. Diese Nebeltröpfchen saugen sie auf und bewahren sie geschützt unter ihrer ledrig-derben, dunkelgrauen Haut.

Ganz ähnlich machen es einige schwarze und schwarz-weiße Käfer: Wenn der Nebel spät in der Nacht heraufzieht, krabbeln sie auf die höher gelegenen, etwas kühleren Dünenkämme. Dort beugen sie den Kopf nach unten und recken ihr Hinterteil hoch in Richtung des Meeres. Wieder schlägt sich der Nebel als Tröpfchen nieder und läuft auf der Bauchseite des Käfers hinunter, direkt in den Mund.

Größere Tiere sind natürlich seltener in der Namib, doch es gibt sie:

vor allem in den Trockentälern, den Wadis, die hier Riviere heißen. Hier wachsen dornige Sträucher und trocken-knorrige Bäume; hier leben Skorpione, Spinnen und Schlangen, die sich vor der Tageshitze unter Steinen verstecken und erst in der Kühle der Nacht hervorkommen. Manchmal huschen auch Hasen hindurch, ein Springbock oder eine immer hungrige Hyäne. Doch alle größeren Tiere sind so selten, dass man kaum jemals eines sieht.

Umso erstaunter ist, wer sich am Kreuzkap (einer Landspitze an der Küste Namibias) dem Strand nähert: Schon von Weitem, aus der Ferne, hört man ein aufgeregtes Blöken, ähnlich wie von Schafen, ein kraftvoll hervorgestoßenes «Houk-houk-houk» sowie ein aus tiefster Kehle lautstark herausbrechendes Brüllen. Dazu stinkt es schon aus weiter Entfernung wie im Löwenkäfig des Zoos, nur um ein Vielfaches stärker. Dicht an dicht liegen die braunpelzigen Robben: Seelöwen, die das ganze Jahr über im offenen Ozean schwimmen, aber hier am Strand ihre Kinder zur Welt bringen. Gerade geboren, liegen sie noch über die Nabelschnur mit ihrer Mutter verbunden. Die älteren Kinder toben und rutschen zwischen ihnen und über die anderen hinweg.

Am Strand brechen sich krachend und tosend die mehrere Meter hohen Wogen des kalten Atlantiks. Die Seelöwen stört das in ihrer behäbigen Gemütlichkeit nicht. Bis zu hunderttausend Seelöwen lagern hier zu den Geburtszeiten. Von Weitem, vom Meer aus, muss das aussehen, als ob viele braune Menschen am Ufer entlangliefen. Dem ersten portugiesischen Seefahrer, Diego Cão, schien dies jedenfalls so: Erfreut steuerte er daraufhin als erster Europäer das Ufer an, betrat das Land, wunderte sich und setzte ein Steinkreuz, Gott zum Dank. Seitdem heißt die Stelle Kreuzkap oder Cape Cross.

Wie kommt es, dass Wüste und überbordendes Tierleben so unmittelbar aneinandergrenzen? Auch das liegt an der kalten Meeresströmung, die zahlreiche Mineralien aus der Tiefe emporwirbelt, sodass

Dicht an dicht liegen die Seelöwen am Strand vom Kreuzkap. Später am Tag wird der Nebel aufreißen und die Sonne scheinen.

viele winzige Algen, Plankton und Fische hier leben können. Damit finden auch die Seelöwen genügend Fische zu fressen. Die Überfülle des Lebens im Wasser und die fast tote Wüste gehören zusammen.

Die Pfannen

Würde unser Afrikadurchwanderer in Namibia nicht durch die Namib, der Atlantikküste entlang, sondern weiter im Landesinneren laufen, so käme er zunächst durch eine trockene Dornbuschsavanne (und erst später in immer trockenere Halbwüsten und Wüsten). In der Dornbuschsavanne sind dornige Akazien die häufigsten Sträucher und Bäume. Sie stehen manchmal als dichtes Gebüsch zusammen, lassen aber meist

Oben: In der Etosha-Pfanne kann man in der Trockenzeit an manchen Wasserstellen den ganzen Tag über Tiere beobachten.

Unten: Die Geier warten darauf, dass die Schakale genug vom Aas gefressen haben. Dann stürzen sie sich darauf – «wie die Geier».

viel Abstand und Gras zwischen sich. Der Sommer (also von November bis März) ist die einzige Zeit, in der Regen fällt. Das Regenwasser kann nicht ablaufen, sondern sammelt sich in flachen, pfannenartigen Mulden. Es versickert nicht, weil der Boden sehr lehmig ist, und staut sich zu weiten, flachen Teichen auf. Im trockenen und kühleren Winter (also von April bis Oktober) sind die meisten dieser Pfannen wieder ausgetrocknet. Nur in wenigen steht dann noch Wasser.

Für die Tiere eines großen Gebietes gibt es daher in der Trockenzeit nur sehr wenige Trinkstellen. Dorthin ziehen täglich die Tiere aus einem sehr großen Bereich. Im Naturschutzgebiet der Etosha-Pfanne dürfen Besucher an manche dieser Tränken mit dem Auto heranfahren. Aus respektvoller Entfernung und im sicheren Auto geschützt kann man hier den verschiedensten Tierherden zuschauen, die wie auf einer Theaterbühne von weit herangezogen kommen. Sie schauen sich aufmerksam um, lauschen und wittern vorsichtig, bevor sie sich zum Wasser hinunterbeugen, trinken und schnell wieder abziehen: Zebraherden, Impala-Antilopen, Gnus,* Kudus, Elefanten und Giraffen. Dazu kommen Nashörner, Trappen,** manchmal Schakale, Löwen und Leoparden. Kurz nach Sonnenuntergang, im roten Abendlicht, landen Tausende goldbraun gemusterte Wüstenflughühner, die mit ihren glucksenden Rufen die Luft erfüllen. Nur einmal am Tag trinken sie hier und tunken ihr Brustgefieder in das Wasser. Mit dem Wasser im Gefieder fliegen sie anschließend zu ihrem dürren Nest, weit weg von der Wasserstelle, wo sie ihre durstigen Küken tränken.

Wer Glück und Geduld hat, kann an einer solchen Pfanne den ganzen Tag über Tiere beobachten. Im regenreicheren Sommer hingegen gibt es so viele Wasserstellen, dass dort nur ganz selten ein Tier zu sehen ist.

* *Gnu:* Eine kräftige, plump wirkende Antilopenart mit grauem Fell, zotteliger Mähne und büffelartigen Hörnern.

** *Trappe:* Großer Laufvogel der offenen Graslandschaften.

Die Buschmänner oder San

In einem solchen von Tieren wimmelnden Buschland müssen Jäger sich wohlfühlen. Tatsächlich gehörte die Etosha-Pfanne ursprünglich zu dem riesigen Jagdgebiet der Buschmänner. Die *Buschmänner* (von ihren Nachbarn, den *Hottentotten,* werden sie auch *San* genannt) sind mit den Hadzábe verwandt. Sie sind ebenso klein wie die Hadzábe, meist nicht größer als 1,55 Meter, und haben eine gelblich-braune Hautfarbe. Sie sprechen verschiedene Sprachen, in denen – ebenso wie bei den Hadzábe – Laute vorkommen, die europäische Sprachen gar nicht kennen: mit der Zunge geschnalzte oder geklickte Laute. Diese Khoi-San-Sprachen sind ebenfalls mit den Hadzábe-Sprachen verwandt und gelten als die ursprünglichsten Sprachen der Welt.

Ebenso wie die Hadzábe kannten die Buschmänner ursprünglich keine Hütten oder Dörfer, sondern zogen täglich von einer Stelle zur anderen, um Nahrung zu sammeln oder zu jagen. Abends errichteten sie sich aus Zweigen einen Schutz gegen den Wind.

Während der Regenzeit jagen die Buschmänner mit Pfeil und Bogen. Am Ende der Regenzeit, wenn die Tiere sich aus den trockensten Wüstengebieten zurückgezogen haben, werden Wüstenmelonen und unterirdische Knollen die wichtigste Nahrung. Nichts entgeht ihren unglaublich scharfen Augen und ihrer ungeteilten Aufmerksamkeit. Selbst in Wüstengebieten, die völlig trocken aussehen, entdecken sie die kleinsten Anzeichen, wo unter der sandigen Wüstenoberfläche noch etwas Wasser verborgen ist. Dort graben sie den Sand auf und füllen ihre mitgebrachten hohlen Straußeneier mit dem Wasser. Manchmal vergraben sie diese anschließend in völlig wasserlosen Gebieten, sodass sie beim nächsten Mal dort einen Vorrat vorfinden, der sie vor dem Verdursten retten kann.

Die Buschmänner kennen eine unglaubliche Vielzahl an Wüsten-

Diese Buschmannkinder sind noch klein und spielen ungestört. Wo werden sie später leben können?

pflanzen, etwa die Sansevieria-Pflanze, deren lederige Blätter glatt und lang aus dem Boden aufragen. Diese Blätter sammeln, zerklopfen und zerfasern sie. Aus dem faserigen Flachs drehen die Jäger reißfeste Schnüre für Schlingen und Kleintierfallen. Die Schlingen legen sie aus und fangen damit Vögel, Springböcke und Dikdiks. Die größeren Springhasen und Antilopen jagen sie mit Pfeil und Bogen. Doch selbst eine von einem Pfeil getroffene Antilope kann noch viele Kilometer rennen und sich verstecken, bevor sie zusammenbricht. Dann würde der Jäger sie niemals finden und sie wäre für ihn verloren. Deshalb vergiften die Buschmänner ihre Pfeile. Das Gift gewinnen sie aus den Larven von Blattkäfern. Diese Käfer legen ihre Eier auf die Blätter des Commiphora-Strauches. Wenn die San-Frauen auf der Suche nach Knollen und Melonen auf einem Commiphora-Strauch Käferraupen entdecken, merken sie sich, wo der Strauch steht, und erzählen es am Abend den Jägern. Diese warten noch einige Tage, bis die Raupen sich dreißig bis vierzig Zentimeter tief in die Erde gegraben und dort verpuppt haben. Dann ziehen die Jäger los und graben mit einem Grabstock die Käferlarven aus. Mit Daumen und Zeigefinger quetschen sie das Gift aus den Puppen und streichen es auf die Pfeile. Vorsicht! Es ist auch für Menschen tödlich und darf nicht in offene Wunden kommen. Trifft ein vergifteter Pfeil eine Antilope, lähmt das Gift schnell das Herz. Die Antilope bricht nach wenigen Sprüngen zusammen, und gleich erreichen sie die schnell hinterherlaufenden Jäger.

Ursprünglich waren die Buschmänner die einzigen Menschen im südwestlichen Afrika – Nachkommen der ältesten Menschen der Erde. Wie erschraken sie, als sie zum ersten Mal schwarze Menschen sahen, die viel größer und viel stärker waren als sie: die *Nama*, die sich selber als Koi-Koi (= Menschen) bezeichnen, von den Holländern später aber als *Hottentotten* (= Stotterer) bezeichnet wurden. Die Nama waren Rinderzüchter. Sie kamen mit großen Herden in das Land gezogen, das ihnen leer und unbesiedelt vorkam, denn sie sahen weder Menschen noch Dörfer, weder Äcker noch Viehherden. Die Buschmänner brachen ihre Windschutzschirme und Grashütten ab und versteckten sich tiefer im trockeneren Landesinneren.

Vor etwa fünfhundert Jahren wanderten in das Buschmanngebiet weitere Völker* ein: aus dem Norden die *Herero* und *Ovambo*, aus dem Süden rückten die Nama weiter vor. Alle brachten große Rinderherden mit, die nun in den Savannen weideten. Für die scheuen Antilopen und

* *Volk, Völker*: auch *Ethnie(n)* genannt. Eine große Gemeinschaft zusammenlebender Menschen, die meist eine gemeinsame Sprache sprechen und eine gemeinsame Kultur haben. In manchen Völkern sind alle miteinander verwandt, haben also gemeinsame Urahnen. In den meisten Völkern sind Menschen von ganz verschiedener Herkunft zusammengekommen, in Frankreich z.B. Kelten (Gallier), Römer und Nordafrikaner. In einem *Staat*, einer *Nation*, können verschiedene Völker zusammenleben. In Tansania bilden über 130 verschiedene Völker mit verschiedenen Sprachen eine Nation. Dabei sprechen alle außer ihrer Muttersprache als erste Fremdsprache Kisuaheli, sodass alle Tansanier miteinander reden können. In allen afrikanischen Ländern gibt es viele verschiedene Völker und Sprachen, aber meist keine gemeinsame Nationalsprache. Dann müssen sich Menschen verschiedener Völker auf Englisch, Französisch oder Portugiesisch unterhalten, was für sie viel schwieriger ist.

Gazellen ließen die Rinder nur wenig Gras und Blätter übrig. Diese verhungerten oder wanderten in die noch trockeneren Halbwüsten. Für die Buschmänner gab es nun zu wenig Wild. Was sollten sie jagen? Manchmal erlegten sie in ihrer Not Rinder. Doch die Rinderzüchter waren darüber so erzürnt, dass sie ihrerseits die kleinen Buschmänner jagten und verfolgten. Es blieb den San nichts anderes übrig, als dem Wild zu folgen und in immer trockenere Halbwüsten und Wüsten zu ziehen. Weil sie auch dort noch Wasser entdeckten, wo niemand sonst es fand, konnten sie in lebensfeindlichen Gebieten überleben, in denen kein anderer leben wollte und konnte.

Besonders schlimm wurde es 1950, 1968 und 1970, als weite Teile ihres Wüstenjagdgebietes zum Naturschutzgebiet erklärt wurden. Die San wurden damals in Reservate gewiesen, die aber für eine ausreichende Jagdbeute zu klein waren. Die meisten San wurden Hilfsarbeiter auf Farmen oder arbeiteten als Spurenleser für das Militär. Viele haben gar keine Arbeit. Nur einzelne Buschmänner leben heute noch so wie schon immer: von der Jagd.

Viele Völker: aus Afrika …*

Inzwischen lebten in Namibia weitere Völker: die *Damara*, die, ähnlich wie die San, seit Urzeiten Jäger und Sammler waren, und die *Himba*, von denen manche heute noch wie früher leben: Sie ziehen als Nomaden mit ihren Rindern durch die trockenen Savannen. Ihre traditionelle Kleidung ist ein lederner Schurz mit glänzendem Metallgürtel. Gegen die sengende Sonne reiben sich die Frauen mit einem Gemisch aus Butter, rotem Eisengesteinspulver und Kräutern ein.

* Siehe Fußnote S. 112.

Hererojunge am Rande der Namib, wo es nachts sehr kalt wird.

Die Männer verwenden ein ähnliches Gemisch, doch mit schwarzem Eisenpulver.

Die aus dem Norden eingewanderten *Herero* und *Nama* und die aus Südafrika geflohenen *Orlaam* züchten Rinder und Schafe. Die *Ovambo* leben im etwas feuchteren Norden Namibias. Die Ovambo-Männer züchten Rinder, während die Frauen Gemüse anbauen. Die *Kasanga* schließlich halten keine Tiere, sondern fangen Fische in dem mächtigen Okavango-Fluss.

Jäger, Sammler, Fischer, Nomaden, Viehzüchter und Ackerbauern: alle ursprünglichen Lebensweisen des Menschen sind in Namibia vertreten, einheimisch oder aus Süden, Westen und Osten eingewandert.

... *und aus Europa*

Was machten nun die ersten Europäer, die an der namibischen Küste landeten und dort blieben – weit entfernt von ihren Familien, ihren Berufen und ihrer Heimat? Sie kamen mit den allerbesten Absichten. Sie brachten das mit sich, was sie selbst für das Beste und Wichtigste hielten: den Glauben an die Liebe des Jesus Christus. Diesen Glauben wollten sie den afrikanischen Völkern bringen. Doch diese brauchten keine neue Religion, sie hatten ihre eigene. Die englischen und deutschen Missionare aber gaben nicht gleich auf; sie blieben im Land und bauten Missionshäuser und Kirchen, auch wenn sich zunächst kein einziger Afrikaner zu der neuen Religion bekannte und niemand sich taufen ließ. Zunächst bekamen die Missionare ihren Lebensunterhalt von den englischen und deutschen Kirchengemeinden bezahlt. Doch nach einigen Jahre mussten sie selbst für ihren Lebensunterhalt sorgen. Sie begannen Handel zu treiben. Sie kauften Kühe von den Herero und verschifften sie auf verschiedene kleine Inseln im Atlantik, später auch nach Europa. Da die Herero kein Geld brauchen konnten, bezahlten die Missionare nicht mit Geld, sondern mit hölzernen Ochsenkarren, aber auch mit Gewehren, Munition und Schnaps. Damit machten sie große Gewinne. Den Herero schadeten jedoch der Alkohol und die häufigen Räusche. Später benutzten sie die eingehandelten Waffen, um Kriege untereinander und gegen die Missionare zu führen. Wenn die Afrikaner nicht mehr genügend Rinder hatten, um ihre Schulden zu bezahlen, zwangen die Händler sie, bei den anderen Völkern Rinder zu rauben und mit diesen zu bezahlen. Eigentlich wollten die Missionare das Christentum als eine Religion der Liebe einführen. Doch die Mittel, die sie dazu benutzten, verkehrten sich immer mehr ins Gegenteil: Zwang und Gewalt.

Ein weiteres Geschäft wurde immer wichtiger: Auf der Insel Ichaboe, die nur einen Kilometer vor der namibischen Küste liegt, brüteten Hunderttausende Kormorane und andere Seevögel. Da es dort nie regnete, blieb ihr Kot auf den Felsen kleben und wurde nicht weggespült. Er trocknete zu einer harten, stinkenden Masse ein, dem Guano. Jedes Jahr wurde er mehr, an manchen Stellen acht Meter dick. Da dieser Guano ein sehr guter Dünger für die mageren Äcker Europas war, kamen allein im Jahr 1845 vierhundert Schiffe. Hunderte von Männern hackten und schaufelten den Guano in ihre Schiffe. Nach kurzer Zeit hatten sie 250.000 Tonnen, also 250 Millionen Kilogramm Guano abgegraben und nach England und Deutschland verschifft. Bald war der Guano ganz abgebaut, und alle Seevögel waren von ihren Brutstellen vertrieben. Nun handelten die Missionare mit den Fellen von Robben und mit Lebertran aus der riesigen Leber der Wale.

Edelsteine und Diamanten

Am Ende des 19. Jahrhunderts fanden Geologen in Namibia Halbedelsteine und Edelsteine: bunte Topase, glasklaren Beryll, hellblauen Aquamarin und hell-gelbgrüne Heliodore. Die schönsten Heliodore wurden nach Deutschland geschickt und für den Halsschmuck von Auguste Victoria, der Frau des deutschen Kaisers, geschliffen und gefasst. Tief im Inneren Namibias, in Tsumeb, stießen Geologen auf einen seltsamen Hügel, den «grünen Hügel». In seinem Inneren schürften sie Kupfererze, Blei, Zink, Silber, Arsen, Kobalt, Nickel, Quecksilber und viele andere wertvolle Metalle, die sie in alle Welt verkauften. Noch heute steckt der «grüne Hügel» voller Schätze, und noch immer schürfen Bergleute in ihm.

1908 fegte ein namibischer Bahnhofsarbeiter in der Nähe von

Lüderitz wieder einmal den Wüstensand fort, der immer wieder auf die Bahngleise wehte. Dabei entdeckte er einen glitzernden Stein, den er seinem Vorgesetzten brachte. Dieser erkannte den Stein als Diamanten. Er begann ringsum das Gelände abzusuchen und fand weitere Diamanten. Als sich die Nachricht verbreitete, kamen ganze Schiffe voller Abenteurer mit ihren Familien von Deutschland nach Namibia gefahren, um nach den wertvollsten Edelsteinen der Welt zu suchen. Der gesamte Küstenstreifen wurde zum «Diamanten-Sperrgebiet» erklärt. Niemand außer den angestellten Diamantensuchern durfte es betreten, geschweige denn sich bücken. Er könnte ja verbotenerweise einen Diamanten auflesen.

Heute sind alle Diamanten vom Strand abgesammelt – niemand schürft in Namibia mehr Diamanten mit einer Schaufel (wie es heute noch im Kongo und in Sierra Leone geschieht). Die ehemaligen Häuser der Diamantensucher sind inzwischen von meterhohen Sanddünen verschüttet. Heute suchen Taucher vor der Küste nach Diamanten. Diese sind nicht hier am Strand entstanden, sondern in unvorstellbaren Erdtiefen von 150 Kilometer. Das ist über zehnmal tiefer als das tiefste Bohrloch der Welt und über vierzigmal tiefer, als jemals ein Mensch in der Erde war. Niemals hätten Menschen Diamanten finden können, wenn sie nicht von Vulkanen an die Erdoberfläche geschleudert worden wären. Dies geschah mehrere hundert Kilometer von Lüderitz entfernt in Südafrika. Der Oranje River, der von Südafrika her kommt und durch Namibia fließt, schwemmte die Diamanten mit seinem Sand und Geröll mit sich und trug sie bis an seine Mündung in den Atlantik. Dort, an der Lüderitz-Bucht, blieben sie am Strand liegen oder im Schlick des Meeresgrundes stecken. Deshalb holen Taucher sie herauf. Sie brauchen in der kalten atlantischen Meeresströmung beheizte Taucheranzüge. Mit einer Art Riesenstaubsauger pumpen sie den Sand und den Schlick des Meeresgrundes aus zweihundert Metern Tiefe in große

Schiffe. Dort wird er gewaschen, gespült und nach den oft nur kleinen Diamanten abgesucht. Dazu braucht man geschickte und mutige Taucher, aber auch erfahrene Ingenieure, Kapitäne und Schiffsoffiziere. Nur wer eine gute Schul- und Berufsausbildung genossen hat, besitzt eine Chance, eine solch interessante und gut bezahlte Arbeit zu bekommen.

In anderen Ländern Afrikas, in denen Diamanten gefördert werden, wie in Sierra Leone oder Kongo, werden mit dem Geld aus dem Diamantenverkauf oft Kriege und Gräueltaten bezahlt. Wer solche Diamanten kauft, fördert damit dort die Kriege und Grausamkeiten. Das ist in Namibia nicht so. Hier geht das Geld an die Firma, an die Ingenieure und Arbeiter. Deswegen kann man heute mit gutem Gewissen namibische Diamanten kaufen.

Die deutsche Kolonie

Inzwischen kauften deutsche Siedler Land von den Herero, um es selber zu bewirtschaften. Als bei den Herden der Herero die Rinderpest ausbrach und gleichzeitig der Regen ausblieb und die Weiden verdorrten, starben die meisten ihrer Rinder. Das Weideland lag brach, und die notleidenden Herero verkauften den deutschen Siedlern viel Land.

Nicht immer ging es dabei mit rechten Dingen zu: Bei einem großen Landkauf von vielen Quadratmeilen verwendete der Bremer Kaufmann Adolf Lüderitz im Kaufvertrag deutsche Meilen (7,4 km), während die Namahäuptlinge nur englische Meilen (1,6 km) kannten. Damit betrog er die Nama um einen großen Teil ihres Landes.

1884 hatte der Reichstag in Berlin beschlossen, dass das Land im Südwesten Afrikas (das erst später Namibia genannt wurde), das Tausende Schiffskilometer und mehrere Wochen Reise mit dem Dampfschiff entfernt lag, ab sofort deutsche Kolonie sei: Deutsch-Südwest-Afrika. Die Bewohner – die San, die Nama, Herero und die anderen Völker – hatte der Reichstag allerdings nicht gefragt.

Unterdessen verloren die Herero immer mehr Weideland an die deutschen Siedler. Selbst ihr verbliebenes Land wurde von neu gebauten Eisenbahnlinien zerschnitten. Am Anfang des 20. Jahrhunderts wurden die afrikanischen Völker schließlich aus ihren Gebieten völlig vertrieben und in abgelegenen Reservaten angesiedelt. Außerdem wurde ihnen verboten, Rinder zu halten. Als die Grenzen für eines der neuen Reservate ausgemessen wurden, fälschte der deutsche Distriktchef sogar die Unterschriften der Hereroanführer. Damit wurde es den Herero endgültig zu viel: Mit den Waffen, die ihnen einst die Missionare und Händler verkauft hatten, schossen sie auf deutsche Siedler, zerstörten Eisenbahnen, Brücken und Häuser und raubten ganze Rinderherden. Der Aufstand war so gewaltig, dass zusätzliche Soldaten aus Deutschland mit Schiffen gesandt wurden; zum Schluss waren es 14.000 Soldaten. Dieser Krieg dauerte Jahre und forderte viele Opfer: Über 60.000 Herero, drei Viertel des ganzen Volkes, wurden erschossen, die Flüchtenden in die Wüste getrieben, wo sie elendiglich verdursteten; viele starben als Gefangene in den Konzentrationslagern, die das deutsche Militär errichtete. Ein deutscher Missionar berichtete später über diese Lager: «Wie Vieh wurden Hunderte zu Tode getrieben und wie Vieh begraben. Es herrschten eine solch rücksichtslose Rohheit und brutales Herrentum, dass eine Übertreibung in der Beschreibung kaum möglich ist.» Fast hundert Jahre später, im Jahr 2003, hat sich die zuständige deutsche Ministerin für die damaligen Grausamkeiten entschuldigt.

Nicht alle benahmen sich so unmenschlich. Es gab auch Freundschaften zwischen Deutschen und Afrikanern, auch Ehen. Doch diese Ehen wurden von den deutschen Behörden nicht anerkannt, nicht ein-

Heute sieht diese Landschaft am Rande der Namib friedlich aus. Doch hier in der Nähe fanden bei den schweren Kämpfen zwischen den Herero, den Nama und den deutschen Soldaten viele Menschen den Tod.

mal von den Kirchen. Die Afrikaner galten den deutschen Behörden als «minderwertig», die afrikanischen «Rassen» als nicht vollmenschlich. Der Rassismus war eine menschenverachtende, grausame und für viele tödliche Irrlehre!

Apartheid und Unabhängigkeit

Zur selben Zeit hatte England das benachbarte Südafrika zur britischen Kolonie erklärt. Dort waren zuvor englische und holländische Siedler eingewandert. Als 1914 der Erste Weltkrieg ausbrach und in Europa

Deutschland und England (und viele andere Nationen) gegeneinander kämpften, marschierten auch große englische Truppenverbände von Südafrika nach Norden, besiegten die wenigen deutschen rasch und nahmen Südwestafrika als weitere Kolonie in Besitz.

Die Herero und Nama waren zunächst einmal erleichtert, dass die Deutschen besiegt worden waren, denn unter den Engländern durften sie wieder Rinder halten. So hofften sie, dass sie ihr enteignetes Land zurückbekommen und bald wieder als ganze, vollgültige Bürger ihres eigenen Landes gelten würden. Doch diese Hoffnung erfüllte sich nicht. Auch die Engländer sperrten sie in «Eingeborenenreservate» ein, die sie nicht verlassen durften. Die Engländer beschlossen, dass die aus Europa stammenden «weißen» Siedler ganz und gar getrennt von den afrikanischstämmigen «Schwarzen» leben sollten. Schon in Südafrika hatten sie dieses System eingeführt, dass «Weiße» und «Schwarze» sich nirgends begegnen sollten. Selbst die Kinder sollten getrennt voneinander aufwachsen und getrennte Schulen besuchen. Wo Europäer und Afrikaner doch nebeneinander lebten, da mussten sie getrennte Läden, getrennte Eisenbahnabteile und getrennte Parkbänke benutzen. Nachts durften Afrikaner ihre Wohnungen nicht mehr verlassen.

Manche den Afrikanern wohlgesinnte Missionare hielten dieses System der Apartheid (apart = getrennt) zunächst für eine gute Idee. Sie meinten, es sei gut für die Afrikaner, wenn sie auf ihre eigene Art und Weise leben könnten und nicht gezwungen wären, sich der europäischen Lebensweise, europäischen Gesetzen und Gewohnheiten anzupassen. Doch nach und nach stellte sich heraus, dass die europäischen Siedler immer das bessere, fruchtbarere Land bekamen, die afrikanischen das magere und wüstenhafte. Die Europäer erhielten die gut bezahlten Stellen in Bergbau- und Industriebetrieben und in der Verwaltung, die afrikanischen die schlechter bezahlten Hilfsstellen. Die europäischen Siedler wurden allmählich wohlhabend; die afrikanischen wurden immer ärmer und hatten oft nicht einmal ein Stück Land, von dem sie sich ernähren konnten. Sie hungerten.

Südafrika wurde von den Vereinten Nationen immer wieder aufgefordert, sich aus Namibia zurückzuziehen, die Regierung weigerte sich aber. Afrikaner, die sich mit Streiks dafür einsetzten, dass ihr Land von Südafrika unabhängig würde, wurden verhaftet und auf der südafrikanischen Gefängnisinsel Robben Island eingesperrt – falls sie nicht sofort erschossen wurden. Afrikaner, die bei solchen Streiks verwundet wurden, durften ihre blutenden Wunden nicht von den Ärzten des Krankenhauses behandeln lassen. Nur eine einzige Krankenschwester hatte den Mut, sich ihrer anzunehmen.

Als alle Streiks, Aufrufe und friedlichen Maßnahmen nichts nützten, gründeten die Afrikaner die Befreiungspartei South-West-African-Peoples-Organisation (SWAPO), zogen sich über die Grenze in das benachbarte Angola zurück und kauften dort Waffen. Von Angola aus begannen sie 1966 einen Krieg gegen die südafrikanischen Besatzer. Erst 1990, nach vierundzwanzig Jahren blutigen Krieges, gab Südafrika schließlich die Besatzung auf: Namibia wurde ein eigener, unabhängiger Staat und bekam seinen jetzigen Namen. Endlich endete die Apartheid. Freie Wahlen wurden abgehalten, in denen der langjährige Vorsitzende der SWAPO, Sam Nujoma, zum Präsidenten gewählt wurde.

Würde die neu gewählte Regierung sich jetzt an den alten Besatzern rächen, würde sie die deutschen und englischen Landbesitzer vertreiben oder verhaften? Glücklicherweise war Sam Nujoma ein weiser und friedvoller Präsident: «Reconciliation», also Versöhnung zwischen den ehemaligen Unterdrückern und Unterdrückten, wurde sein Programm für den Wiederaufbau Namibias, das er fünfzehn Jahre lang mit Ausdauer betrieben hat und das auch nach seinem Rücktritt fortgesetzt wurde. «Versöhnung» ist leicht gesagt, sie zu verwirklichen aber gar nicht einfach: Wem sollte das Land gehören, das vor vielen Jahrzehnten gewaltsam enteignet oder rechtmäßig gekauft worden war? Wem steht es wirklich zu? Denen, die früher ihre Rinder dort hielten, oder denen, die es seit Jahrzehnten bewirtschaften? Wie sieht denn heute dieses Land aus?

Farmland

Wer von der Hauptstadt Windhoek (sprich: Windhuk) auf einer der Asphalt- oder Schotterstraßen über Land fährt, sieht rechts und links keine Dörfer, keine Häuser, nur trockenes, locker mit Sträuchern bestandenes Grasland. Ist es wilde Savanne? Man kann von der Straße aus nicht dorthin gehen, denn ein massiver, mehrdrahtiger Stacheldrahtzaun trennt das Land von der Straße ab. Überall, selbst in abgelegener Wildnis, ist solches Strauchland mit Tausenden von Kilometern Stacheldrahtzaun abgesperrt. Denn dies ist keine wilde Savanne, sondern Weideland für Rinder und Schafe, die natürlich nicht auf die Straße oder zum nächsten Nachbarn laufen sollen. Trotz der weidenden Tiere ist kein Farmhaus zu sehen. Es liegt tief im Inneren des riesigen Geländes. Das ganze Farmgelände ist nicht nur einmal mit Stacheldraht umzäunt, sondern durch und durch von zahllosen Zäunen durchzogen. Warum? Kühe und Schafe laufen das ganze Jahr über frei umher. Hätten sie das ganze Farmgelände zur Verfügung, würden sie nur die leckersten Gräser und Zweigknospen abfressen. Die dornigen Sträucher, vor allem die Akazien mit ihren langen, spitzen Dornen, die leicht die Zunge durchbohren könnten, würden sie verschmähen: Die Akazien würden sich weiter und weiter ausbreiten, bis kein Weidegras mehr zwischen ihnen wachsen könnte. «Verbuschung» heißt dieser Vorgang, der von allen Farmern gefürchtet wird.

Sperrt man dagegen Rinder und Schafe auf ein kleines Teilstück der Weide, so fressen sie, wenn alles Leckere abgezupft ist, auch noch die kleinen Akazienschösslinge und andere Dornsträucher. Damit verhindern sie die Verbuschung. Erst dann dürfen sie auf das nächste kleine Weidestück. Deswegen muss es so viele kleine Weideparzellen mit so vielen, endlos langen Stacheldrahtzäunen geben. Eine der Hauptaufgaben der Farmer ist es daher auch, immer wieder an den Zäunen entlang zu reiten oder zu fahren, sie zu kontrollieren und vorhandene Löcher zu flicken, außerdem neue Zäune zu ziehen. Eine andere wichtige Aufgabe ist es, ständig Frischwasser für Rinder und Schafe bereitzustellen, denn Bäche oder Seen gibt es in dem trockenen Farmland nicht. Wohl aber gibt es an manchen Stellen in der Tiefe Grundwasser. Kleine Windmühlen pumpen es quietschend und scheppernd aus der Tiefe in die Tränken auf den Weiden. Auch sie müssen täglich kontrolliert werden.

Das alles ist mehr Arbeit, als man meint, denn die Farmen sind riesig: In Deutschland umfasst ein großer Bauernhof vielleicht hundert Hektar, also einen Quadratkilometer. Die namibischen Farmen erstrecken sich aber über fünftausend Hektar, also eine Fläche von fünfzig deutschen Bauernhöfen. Manche sind sogar unglaubliche 40.000 Hektar groß, also größer als der ganze Staat Liechtenstein. Warum so groß? Nun, Namibia ist sehr trocken, es fällt nur selten etwas Regen. Das wenige Gras ist schnell abgefressen, und die Rinder müssen bald auf die nächste Weide getrieben werden. Eine Kuh braucht in Deutschland weit weniger als einen Hektar, um das ganze Jahr darauf satt zu werden. In Namibia braucht sie fünfzehn Hektar.

Oft ist das Weideland der Farmen halbwildes Buschland, in dessen hinterem Bereich weiterhin wilde Tiere wie Thomson-Gazellen und Elen-Antilopen, Zebras und Kudus weiden. An manchen Stellen gibt es sogar Leoparden und die schnellsten Landtiere der Welt: Geparden. Manche Farmer halten gar keine Rinder mehr, sondern lassen die wilden

Schafe, Ziegen und Rinder brauchen in den trockenen Gebieten riesige Flächen, um genug Futter zu finden.

Weidetiere das Savannengras fressen. Statt Rinder zu schlachten, jagen sie regelmäßig Zebras und Antilopen und verkaufen das Fleisch. Oder sie bauen ihr Farmhaus zu einem Gästehaus um: für Touristen, die gerne selber jagen wollen. Dafür muss das Land natürlich sehr groß sein.

Ein weiterer Grund, weshalb die Farmen so groß sind, ist der, dass es nicht viel mehr Arbeit macht, sechshundert statt dreihundert Kühe zu halten, jedenfalls nicht doppelt so viel. Sie geben aber natürlich doppelt so viel Fleisch. Große Farmen wirtschaften also günstiger.

Viele Menschen sind nötig, damit eine Farm gut läuft. Außer dem Farmer und seiner Familie arbeiten noch mehrere Dutzend namibischer Arbeiter mit, die ebenfalls auf dem Farmgelände leben. Die Farmer sind nicht reich. Sie besitzen ein Wohnhaus und mehrere Wirtschaftsgebäude, ein Auto, Traktoren, benutzen Elektrizität und Telefon und leben damit ähnlich wie in Europa. Die namibischen Farmarbeiter hingegen leben in einfachen Hütten, haben vielleicht elektrischen Strom, aber natürlich kein Telefon und kein Auto, höchstens ein altes Fahrrad.

Zwei Drittel des Landes, das für Landwirtschaft geeignet ist, und besonders das gute Land gehören nur einem Zehntel der Namibier: Deutsch-, Holländisch- und Englischstämmigen, die es von ihren Eltern und Großeltern übernommen haben. Die afrikanischstämmigen Namibier bewirtschaften auch heute noch meist das schlechte, trockene und magere Land. Viele besitzen gar kein Land und haben auch keine bezahlte Arbeit.

Diese ungleiche Verteilung des Landes finden viele empörend und wollen das Land der großen Farmen ihren Besitzern wegnehmen, die Farmer enteignen und das Land in hundert oder zweihundert kleine Parzellen aufteilen und es an ebenso viele landlose Bauern vergeben. Davor fürchten sich die Farmer natürlich.

Bisher wurden nur sehr wenige Farmer enteignet und ihr Land verteilt. Leider waren die Bauern, die es bekamen, oft schlecht ausgebildet und hatten wenig oder keine Erfahrung. Es fehlte ihnen auch das Startgeld, um Maschinen und Saatgut zu kaufen. Niemand beriet sie und half ihnen, wenn es schwierig wurde. So bewirtschafteten sie das Land schlecht. Manche gaben es wieder ganz auf. Wenn das Land gerecht verteilt werden soll, müssen die, die es bewirtschaften sollen, sehr viel können und wissen. Heute kommt es also darauf an, dass alle Namibier – egal, woher ihre Eltern und Großeltern stammten – die Möglichkeit zu einer guten Ausbildung bekommen, vor allem einer guten Schul- und Berufsausbildung. Nur so kann es gelingen, unter den schwierigen Bedingungen eines Wüsten- und Savannenlandes erfolgreich zu sein, egal ob als Farmer, Diamantentaucher oder Ingenieur.

II. ASIEN

1. Thailand – «Land der Freien»

«Thai-Land» – «Land der Freien» –, so nannten sich die vereinigten Königreiche von Siam und Lanna stolz, nachdem sie als Einzige dem Schicksal der übrigen Länder Südasiens entgangen waren, nämlich von fremden Mächten besetzt und unterdrückt zu werden. Mit viel Geschick und auch Glück blieben sie frei und unabhängig, und Thailand entging sogar den schrecklichen Vietnamkriegen, welche die Nachbarländer furchtbar zerstörten.

Die «Thai» – die «Freien» – sind friedliebende Menschen, die ihr Land und ihre eigene Kultur lieben, ihre Musik, ihre Tänze, ihre Religion, die Art zu bauen, sich zu kleiden und zu essen: All dies können sie seit vielen Jahrhunderten ungestört pflegen und entwickeln, ohne dass es ihnen von fremden Eindringlingen verboten oder zerstört worden wäre. Das soll nicht heißen, dass Thailand hohe Mauern um sich gehabt und nicht bemerkt hätte, was in den Nachbarländern geschieht. Im Gegenteil: Viele Burmesen, Vietnamesen, Chinesen und Khmer aus Kambodscha sind nach Thailand eingewandert und haben etwas von ihrer eigenen Kultur mitgebracht. Umgekehrt sind viele Thai in fremde Länder gezogen. Im 19. Jahrhundert besuchte König Chulalongkorn Europa und war so beeindruckt, dass er, nach Thailand zurückgekehrt, vieles Neue einführte: westliche Medizin und Krankenhäuser, prächtige Alleen und die erste Eisenbahn von Bangkok nach Chiang Mai* die er von deutschen Ingenieuren bauen ließ. Trotz der vielen Neuerungen aus anderen Ländern, oder vielleicht gerade deshalb, ist Thailand ein Land mit eigener Kultur geblieben.

* *Chiang Mai:* die zweitgrößte Stadt Thailands im Norden des Landes, etwa 600 km von Bangkok entfernt.

Musik und Tanz

Musik und Tanz begleiten das tägliche Leben der Thai. Die Musik hat einen für unsere westlichen Ohren seltsamen und unvertrauten Klang. Das liegt zum Teil an den vielen bei uns unbekannten Instrumenten in einem Thai-Orchester: Neben großen Xylofonen in Form von kleinen Booten gibt es verschiedene Metallofone, in Halbkreisen angeordnete Becken, Zimbeln und Glocken in allen Größen sowie große Gongs und Trommeln, die einen schnellen Rhythmus vorgeben, dazu lange, flach auf dem Boden liegende Saiteninstrumente, die ähnlich wie Zittern mit Schlegeln gespielt oder wie Gitarren mit einem Plektron gezupft werden; eine kleine, stehend auf dem Boden gehaltene Geige wird mit dem Bogen gestrichen. Kurze, etwas schrill klingende Doppel-Oboen geben die Melodie vor, die in anderen Harmonien verläuft und deren Töne und Intervalle gerade zwischen den uns vertrauten liegen. Manchmal fallen Sänger und Sängerinnen in die Instrumentalmusik ein. Alle Musiker sitzen auf dem Boden der etwas erhöhten Bühne und spielen auswendig und ohne Noten.

Solche Orchester begleiten auch die Tanzaufführungen. Es gibt alte Tänze, die Szenen aus dem Leben der Reisbauern und Fischer darstellen, kraftvolle und gefährliche Tänze, in denen der Tänzer zwölf Schwerter mit dem Mund und auf dem Kopf balanciert, und Feuertänze mit brennenden Fackeln. Die anmutig-eleganten Tänze der Königshöfe erzählen die Geschichte des Ramayana: die Abenteuer des Prinzen Rama und der wunderschönen Prinzessin Sita, die von Dämonen in einen Wald gelockt und entführt wurde. Die vielen Episoden dieser Geschichte von Treue, Liebe und Verrat, die zahlreichen Abenteuer und Kämpfe, in denen zum Schluss der tapfere Affengeneral Hanuman die Prinzessin befreit, werden von Tänzern in prächtigen Gewändern und mit kunstvollen farbigen und vergoldeten Masken vorgeführt.

In einem traditionellen Thai-Orchester spielen höchst ungewöhnliche Instrumente wie diese Gongs.

Selten wird die lange Liebesgeschichte als Ganze gespielt, meist nur ein einzelnes Kapitel. Aber jeder kennt das ganze Abenteuer und freut sich, auch wenn nur ein kurzes Stück daraus aufgeführt wird. Wenn Hanuman und seine Affenarmee auftreten, erscheinen sie so witzig und komisch, dass jeder lachen muss. Die Prinzessin Sita hingegen bewegt sich mit einer solch zierlichen und heiteren Anmut, als wäre sie nicht von dieser Welt.

Meist ist eine solche Aufführung eine fröhliche Angelegenheit: Die Zuschauer, die bequem auf dem Boden an dreieckige Sitzkissen gelehnt sitzen, bekommen nebenher Essen und Trinken serviert. Die Tänzer kommen zwischen den einzelnen Stücken von der Bühne, erschrecken die Zuschauer und lassen sich fotografieren, sodass jeder viel Spaß dabei hat.

Die schöne, prächtig geschmückte Prinzessin Sita in einer Aufführung des Ramayana.

Nur die besten Tänzer und Tänzerinnen treten auf den Bühnen auf. Sie haben eine harte Tanzausbildung hinter sich, während derer sie täglich viele Stunden lang die oft sehr anstrengenden Schritte und Sprünge geübt haben. Nur wenige halten eine solche Ausbildung bis zum Ende durch. Doch die langsamen, gleitenden Grundbewegungen des Tanzes lernen die Thai bereits in der Schule: Traditioneller Tanz ist ein Unterrichtsfach. So üben alle Kinder, sich geschmeidig und geschickt zu bewegen. Schwerfällig trampelnde und latschende Kinder gibt es auch im Alltag nicht. Besonders die Mädchen bewegen sich so elegant und graziös, als schwebten sie alle als anmutige Tänzerinnen über die Straßen.

Religion

Ein und dieselbe Tat kann ein Mensch mit voller Überzeugung tun oder mit Widerwillen und der Gewissheit, dass sie falsch ist. Deswegen ist für jeden Menschen nicht nur wichtig, *was* er tut, sondern auch, sich regelmäßig rückzuversichern, dass das, was er tut, auch passend ist. Rückversicherung, Rückbindung heißt auf lateinisch re-ligio, also Religion.

Die in Thailand gelebte Religion ist der Buddhismus. Er umfasst die Lehre und die Übungen in den Tiefen der eigenen Seele, die Prinz Siddharta Shakyamuni, der Buddha, geübt hat, um das Leiden der Welt zu überwinden. Seine Schüler haben diese vielfältigen Übungen weitergeübt und bis heute weitergegeben. Buddha lehrte, dass alle Taten, gute oder schlechte, alle Gedanken und Gefühle sich nicht in Nichts auflösen, sondern weiterwirken und im nächsten Leben eines Menschen auf ihn zurückkommen – nicht nur die Taten gegenüber anderen Menschen, sondern auch die gegenüber Tieren und Pflanzen. Buddha rief daher zur Achtsamkeit und zum Mitgefühl mit Menschen und allem Leben auf. So kann der Mensch anderen Gutes tun und gleichzeitig das eigene Schicksal seines nächsten Lebens verbessern – und im nächsten das des übernächsten. Erst wenn ein Mensch sich ganz von Hass, Verblendung und Unwissenheit gereinigt hat, wird er nicht noch einmal auf der Erde wiedergeboren, sondern geht in den Frieden der Ewigkeit ein.

Wer weiß, dass alles, was er tut und sagt, auf ihn zurückkommt – vielleicht nicht in diesem Leben, aber im nächsten –, lebt natürlich ganz anders: Thai sind friedliche und freundliche Menschen, die versuchen, jeden Streit zu vermeiden. Niemand schreit oder brüllt, um etwas zu erreichen, sondern spricht leise, mit Respekt, Anerkennung und mit einem Lächeln. «Land des Lächelns» wird Thailand auch genannt. Als

Zeichen des Respekts begrüßt man einen Fremden oder einen Freund nicht mit einem Handschlag, wie bei uns, sondern mit einem «Wai»: Man hebt die Hände mit den aneinandergelegten Handflächen aufrecht vor die Brust oder vor das Gesicht und verbeugt sich.

Auch der Respekt vor dem Eigentum gehört dazu: Eine liegen gebliebene Geldbörse, die in anderen Ländern schnell gestohlen wäre, kann man in Thailand vielleicht noch am nächsten Tag an derselben Stelle wiederfinden.

Die buddhistischen Übungen und ein Leben in Respekt und Aufmerksamkeit lernen sich natürlich nicht von selbst. Jungen und Mädchen, Männer und Frauen gehen daher für eine selbst gewählte Zeit in ein Kloster: einige Wochen oder einige Monate. Sie lassen sich die Haare und die Augenbrauen scheren, um ihr Privatleben für diese Zeit hinter sich zu lassen, und tragen dann eine Kutte: Männer eine leuchtend orange, Frauen eine weiße. Auch der König hat als junger Mann mehrere Monate lang von den Mönchen und Äbten die buddhistischen Tugenden gelernt – und jeder Thai weiß, dass er sie gut gelernt hat!

Buddha

Siddharta wird im sechsten Jahrhundert vor Christus in Nordindien am Fuße des schneebedeckten Himalaya geboren. Er ist das erste Kind von König Suddhodana und Königin Mahamaya im Reich der Shakya, weshalb er später auch Siddharta Shakyamuni, «Siddharta, der Heilige aus dem Reich der Shakya», genannt wird. Prinz Siddharta verbringt im Palast seiner Eltern eine unbesorgte und glückliche Kindheit, in der ihm nie etwas Unangenehmes begegnet. Auf einer Ausfahrt aus dem Palast trifft er zum ersten Mal einen Kranken, der an einer unheilbaren Krankheit leidet und vor seinen Augen unter Schmerzen stirbt. Siddhartas Mitgefühl für das Leiden an Krankheit, Alter und Tod ist so groß, dass er spürt, er würde sein Leben einsetzen, um diese Leiden zu lindern und zu beenden. Während seine Frau, Prinzessin Yasodhara, sogleich beginnt, ganz praktisch den Armen und Kranken mit Medikamenten und Lebensmitteln zu helfen, sucht Siddharta nach einer Erlösung im Inneren:

Da sein Vater von ihm erwartet, dass er später König wird, und ihm nicht erlaubt, Mönch zu werden, verlässt Siddharta eines Nachts heimlich den Palast auf seinem Pferd und sucht die heiligen Mönche und Asketen auf, um von ihnen zu lernen. Wenn er von einem genug gelernt hat, wandert er weiter zum nächsten und erprobt so die verschiedenen Yogaübungen. Nach vielen Jahren fortgesetzter, konzentrierter Übung lässt er sich zur Meditation unter einem Wildfeigenbaum nieder. In der Nacht gelingt es ihm, mit seinem Bewusstsein jenseits von Geburt und Tod zu schauen und dabei wach zu bleiben und die Ursachen für das Leiden zu sehen.

Am nächsten Morgen leuchtet und strahlt er voll Glück. Kinder, die ihm eine Schale Milch bringen, fragen ihn, ob sie ihn «Buddha», den «Erleuchteten», und den Wildfeigenbaum «Bodhibaum», «Baum der Erleuchtung», nennen dürfen.

Nach diesem Erlebnis entscheidet sich der Buddha, anderen von seinem Übungsweg zu berichten. Er nimmt Schüler auf, Prinzen und Adelige, aber auch Büffelhirten und Unberührbare, also Menschen aus allen Kasten Indiens. Denn vor der wirklichen Erkenntnis – das ist ihm klar – gibt es keine Kastenunterschiede. Die Schönheit im eigenen Herzen entdeckt zu haben macht selbst Buddhas Flötenspiel so ergreifend, dass dreißig junge Männer, die es hören, Schüler seines Übungsweges werden wollen.

Buddha und seine Schüler besitzen nichts außer ihren safrangelben Roben, die aus zusammengesetzten Flicken im Muster abgeernteter Reisfelder genäht sind, und einer Schale, mit der sie um Essen bitten. An einem Königshof schlichtet Buddha den Streit zwischen zwei Königreichen und wendet einen drohenden Krieg ab. Während der Trockenzeiten wandern Buddha und die Mönche durch viele Königreiche Indiens und helfen, wo immer es geht. In den Regenzeiten versammeln sie sich in einem Bambushain, den sie geschenkt bekommen haben. Dort lehrt Buddha den Übungsweg zu Mitgefühl, Liebe und Frieden.

Einen absichtlich wildgemachten Elefanten, der auf ihn zustürmt und ihn zu zertrampeln droht, befriedet der Buddha mit dem Ruf der Elefantenkönigin, mit der er sich angefreundet hat. Er fasst ihn am Rüssel und führt ihn unter dem Beifall des Volkes zurück in die königlichen Stallungen.

Viele tausend Jünger hat der Buddha in seine Gemeinschaft aufgenommen, als er im Jahre 543 vor Christus friedlich stirbt. «Seid eifrig in eurem Bemühen, Befreiung zu erlangen!», sind seine letzten Worte an die Mönche, bevor er in die Ewigkeit, das «Nirwana», eingeht. In seiner Seele geläutert und vollendet, wird er, nach buddhistischem Glauben, nicht wieder auf der Erde geboren werden. Er wird aber die Menschheit begleiten und anleiten, bis in ferner Zukunft der nächste Buddha geboren wird.

Mit diesem Eingang Buddhas in das Nirwana beginnt die buddhistische Kalenderzählung.

Klöster und Tempel

Die Klöster gehören jeweils zu einem Tempelbezirk hinzu. Auf dem großen Tempelgelände gibt es einen etwas am Rand gelegenen Bereich, in dem die Mönche während ihrer Klosterzeit wohnen und leben. In der großen Versammlungshalle treffen sie sich und andere Gläubige zu gemeinsamem Gebet und Gesang. Hier suchen sie Rat von den erfahreneren Mönchen und Äbten. Nebenan befinden sich noch ein kleinerer Tempel für ungestörte Gebete und Meditationen sowie eine Bibliothek, in der Buddhas Ansprachen und Lehren auf Palmblättern aufgezeichnet verwahrt sind – Papier wurde damals noch nicht verwendet.

In der Morgensonne glänzt die vergoldete Holzfassade des Tempels. Für das Neujahrsfest Songkran ist der alte Tempel mit Fahnen geschmückt.

Zentrum des Tempelgeländes und höchstes Gebäude ist der steil aufragende Chedi (sprich: Tschédi), der über einer Reliquie Buddhas, etwa einem Haar oder einem Zahn, errichtet worden ist. Der Chedi ist massiv aus Stein gebaut, ohne Innenraum. Er wird nach oben hin immer schlanker, in verschiedenen Absätzen und Stufen, die jeweils eine immer höhere Entwicklungsstufe der Seele symbolisieren. Der Chedi ist sauber weiß verputzt; die Spitze, die der höchsten Erkenntnis des Göttlichen entspricht, ist vergoldet. Manche Chedis sind sogar gänzlich von massiven Goldplatten bedeckt und glänzen im Sonnenlicht über viele Kilometer hin, besonders gut sichtbar, wenn der Tempel auf einem Hügel angelegt wurde. Jeder Chedi wird von einer massiven, steinernen Basis getragen, die der Erde entspricht, manchmal auch von einem Kreis steinerner Elefanten, den Tieren der Erde, umgeben. Zwischen den Tempelgebäuden wächst immer ein heiliger Bodhi-Baum. Doch es gibt nicht nur heilige Gebäude: auch Rasen zum Spazieren und ein Sportfeld zum Spielen gehören zu einem größeren Tempelbezirk dazu; Hunde, Katzen und Hühner laufen wie selbstverständlich frei herum.

Die thailändischen Tempelbauten sind in einem Stil erbaut, der in nichts an europäische Kirchen erinnert und den es sonst nirgends auf der Welt gibt. Sieht man sie zum ersten Mal, glaubt man sich in ein Märchen versetzt, so fantasievoll erscheinen die Verzierungen, so reich und prächtig die leuchtenden Farben und das blinkende Gold. Die Dächer liegen nicht schwer und braun oder schwarz auf den Bauten. Sie sind mit glänzenden, glasierten Ziegeln gedeckt: die zentrale Fläche grün, darum rot und orange mit weißem First und Kanten; mitunter sind die Farben auch anders verteilt. Oft sind drei, fünf oder sieben Dächer über- und nebeneinander gestaffelt. Im kräftigen tropischen Sonnenlicht glänzen sie freudig in den leuchtend blauen oder von aufgetürmten Gewitterwolken bedeckten Himmel. Die Dachkanten säumen gewundene Schlangen aus glitzernd-goldenen Glasplättchen. Diese stellen Naga dar, die große Kobra, die – der Legende nach – den meditierenden Buddha vor einer großen Flut rettete, als er nichts um sich herum wahrnahm. Die Naga-Schlangen sollen auch den Tempel vor bösen Einflüssen schützen. Manchmal säumen zwei weitere steinerne Schlangen den gestuften Eingang zum Tempel.

Die ältesten Tempel werden von mächtigen Holzsäulen gestützt, die leuchtend rot lackiert sind. Die großen, hölzernen Eingangstüren, ebenfalls leuchtend rot, zeigen zierliche, vergoldete Schnitzereien: Szenen aus dem Leben Buddhas, manchmal auch aus dem Dorf- oder Stadtleben. Große, leuchtend bunte Gemälde bedecken oft die Innenwände eines Tempels.

Wer einen Tempel betritt, hat sich außerhalb vor den Stufen die

Schuhe ausgezogen, geht still hinein, verneigt sich vor der Buddhastatue, legt Lotosblumen vor sie oder entzündet einige Räucherstäbchen. Dann kniet er sich auf den Teppichboden nieder, um zu beten oder zu meditieren – immer die Füße von der Buddhastatue abgewandt, denn die staubbedeckten Füße gelten als unrein.

In den alten Tempeln sind die hölzernen Fensterläden weit geöffnet – Glasfenster gibt es nicht –, und Ventilatoren fächeln den Betenden in den heißen Jahreszeiten kühlende Luft zu. Moderne Tempel haben oft gar keine Wände, sondern nur Metall- oder Betonsäulen. So kann der Wind ungehindert hindurchstreichen und kühlen. Das große, weit auskragende Dach schützt vor den heftigen Regengüssen. Aber vor Kälte sich zu schützen, sich in geheizte, dickwandige Innenräume zurückzuziehen – so etwas ist im mal tropisch heißen, mal angenehm warmen Klima Thailands nicht nötig und völlig unbekannt. Ein Leben ohne Wände, ein Tempel, in dem man betet und gleichzeitig den schönen Garten und die Hühner sehen kann: das ist ein offenes Leben – völlig anders als in Mitteleuropa, wo das kühle, regnerische Wetter jeden in fest verschlossene Räume zwingt!

Feste

Das größte Fest des Jahres ist das buddhistische Neujahr: Songkran. Es liegt am Ende der heißen Trockenzeit, kurz bevor die Schauer der nächsten Regenzeit neues Wachstum und neue Arbeit auf den Feldern bedeuten. Zu Songkran werden die heiligen Buddhastatuen der Tempel – sie sind aus Bronze oder aus Gold, manche sogar aus Bergkristall oder grüner Jade gefertigt – auf hölzernen Traggestellen in einer großen Prozession durch die Stadt getragen. Aus silbernen Bechern gießt

In jedem Tempel steht mindestens eine Statue von Buddha, hier eine massiv goldene!

man Wasser über die Statuen, auf dass der Buddha das Wasser segnen und ein fruchtbares neues Jahr bringen möge!

Nach der Prozession gibt es noch eine fröhliche Wasserschlacht. Das wenige Wasser, das am Ende der Trockenzeit noch in den Zisternen, Gräben und Kanälen steht, holt man mit Eimern herauf und übergießt jeden Fußgänger und jeden Mopedfahrer mit einem kräftigen Schwall. Auch aus Wasserpistolen wird gespritzt, und niemand bleibt während der drei Tage dieses heiteren Festes trocken.

Ein anderes Fest ist zwar nicht buddhistisch, wird aber von allen mitgefeiert: Loi Krathon gilt den Geistern des Wassers, die man versöhnen möchte. Denn dadurch, dass bei der Bewässerung Wasser aus den Flüssen über die Felder geleitet wird, dadurch, dass beim Wäschewaschen Wasser verschmutzt wird, werden die Wassergeister gekränkt und verstimmt. Um dem Wasser zu danken und es wieder friedlich zu stimmen, bastelt man zu Loi Krathon aus Bananenblättern kleine, manchmal auch mehrstöckige Schiffchen in Form einer Lotosblüte. Diese Schiffchen werden mit Blumen, Räucherstäbchen und brennenden Kerzen, manchmal auch mit Geldstücken geschmückt und, wenn die Dämmerung einsetzt, auf einen Bach oder Fluss gesetzt. Dann gleiten die kleinen, erleuchteten Schiffchen langsam, mit einem Wunsch versehen, bachabwärts – ein feierlicher und schöner Anblick, der alle Anwesenden in ihren festlichen Kleidern froh und freudig stimmt – und hoffentlich auch das Wasser!

Alle öffentlichen buddhistischen Feste werden mit Heiterkeit gefeiert, aber auch in der Familie nutzt man jede Gelegenheit für ein gemeinsames, fröhliches Fest.

Kleidung

Zu den großen Festen tragen die Thai ihre schönsten traditionellen Kleider: die Frauen einen langen, schmalen Rock, der aus Seide in vielfältigen Mustern gewebt ist, oft mit eingewebten Silber- oder Goldbrokatfäden. Über einer Bluse liegt locker darübergeworfen ein ebenso prächtig gewebter, seidener Schal. Goldene Reifen schmücken Handgelenke, Oberarme oder Fußgelenke, frische bunte Blumen die Frisur. Die Festprinzessinnen tragen zusätzlich die goldenen, mehrstufigen Kronen, die manchmal wie ein kleiner Chedi aufgetürmt erscheinen.

Was ist Seide?

Schmetterlinge sind sehr zarte und empfindliche Tiere. Am empfindlichsten und am wenigsten geschützt sind sie im noch ungeschlüpften Zustand als Puppe, wenn sie in ihrem Inneren alle bisherigen Organe auflösen und neu formen. Dann sind sie Kälte und Hitze, hungrigen Mäusen und Vögeln wehrlos ausgeliefert. Viele Raupen verstecken sich daher, bevor sie sich verpuppen: in Rindenritzen, Felsspalten, zwischen alten Blättern, oder sie graben sich sogar in die Erde ein.

Die Seidenspinner aber schaffen sich ihre schützende Hülle selbst: Sie spinnen einen langen, haltbaren, aber elastischen Faden aus sehr großen, drei Viertel der Körperlänge erreichenden Spinndrüsen. Diesen Faden wickeln sie viele tausend Male um sich herum – zwei bis drei Tage brauchen sie dazu. Der glänzende Faden ist von einem Klebstoff umgeben, sodass ein dichter, verklebter Kokon die Raupe umhüllt, sie verbirgt und vor Hitze, Kälte und Regen schützt. So kann sie sich ungestört zum Schmetterling entwickeln.

Schlüpft der Schmetterling aus der Puppenhülle, so ätzt er den nicht mehr benötigten Seidenkokon mit einer scharfen Körperflüssigkeit an einer Stelle auf, schiebt die Fäden mit den Vorderbeinen zur Seite und krabbelt hinaus.

Der schöne, schimmernde Seidenfaden, glänzend weiß oder gelb (je nach Seidenspinnerart), faszinierte die Menschen schon immer. Schon vor sechstausend Jahren hat man in China aus den Seidenkokons weiche Fäden gesponnen und seit mindestens viertausend Jahren glatte, elegante Stoffe gewebt. Da der Seidenfaden durch den schlüpfenden Falter zerstört wird, wirft man die drei Wochen alten, noch nicht geschlüpften Puppen in ihren Kokons in kochendes Wasser. Dabei stirbt die Puppe, und der Klebstoff löst sich vom Seidenfaden ab. Es zeigt sich, dass er eigentlich um einen doppelten Faden geklebt war, sodass sich nun zwei Fäden abspulen. Diese beiden unzerstörten Fäden kann man jetzt als ganze abwickeln: bis zu achthundert Meter von einem Kokon! Etwa fünfzig Kokons werden zusammen in einem Topf gebrüht, die Seidenfäden von

In heißem Wasser werden die Seidenfäden von den Kokons gewickelt und auf eine Haspel gespult. Im Hintergrund Webstühle für die fertigen, bereits gefärbten Seidenfäden.

Hand abgewickelt und gemeinsam zu einem Garn gedreht. Dieses Garn wird auf ein metergroßes Haspelrad aufgewickelt. Ist ein Kokon abgespult, fügt man den Faden des nächsten Kokons an. In der äußeren Schicht eines Kokons ist der Faden etwas dicker und gröber als im Inneren. Für die edelsten Seiden nimmt man daher nur diese feinsten Fäden der inneren Kokonschichten.

Die fertigen weißen und gelben Seidengarne lassen sich sehr gut mit den verschiedensten leuchtenden Farben färben, heute meist mit chemisch hergestellten Farben, mitunter aber auch noch mit den zarteren Pflanzenfarben, die auch in vielfarbigen Geweben harmonisch zusammenpassen, ohne sich zu «beißen». Rosa gewinnt man aus der Betelnuss, Braun oder Schwarz aus den Beeren des Ebenholzbaumes, Grün aus den Wurzeln der Talaengpflanze, Blau aus den Blättern des Krarmbaumes. Die Farbstoffmischungen und die genauen Herstellungsmethoden sind oft gut gehütete Geheimnisse der Seidenweberdörfer in Thailand.

Einfache Seidenstoffe werden auf automatischen Industriewebstühlen gewebt. Die schönsten und kostbarsten Seidenstoffe aber werden von Hand auf Webstühlen aus Holz oder Bambus gefertigt. Das ist harte körperliche Arbeit, denn man muss die schweren hölzernen Webbalken für jeden Faden mit Kraft und Schwung in das entstehende Gewebe pressen. Trotzdem sind es meist junge Mädchen und Frauen, die von ihren Müttern gelernt haben, Seide zu verarbeiten. Aus den vielen Farben weben sie verschiedenste komplizierte Muster. Manche sind weit verbreitet, andere gibt es nur in einzelnen Dörfern. Für die traditionellen Gewänder, die bei Festen getragen werden, besonders die schön gemusterten bunten Sarongs, geben sich die Mädchen und Frauen besondere Mühe: Selbst silberne und goldene Brokatfäden werden in die aufwändigen Muster mit eingewebt. Diese Festgewänder glänzen so farbenprächtig wie ein bunter Schmetterling – man trägt sie mit Stolz!

Ursprünglich hat man wohl einzelne Kokons von wilden Seidenspinnern gesammelt, um sie zu verarbeiten. Doch da man für hundert Gramm Seidenstoff über tausend Kokons benötigt, für ein Abendkleid sogar achttausend Kokons, und weil man so viele wilde Seidenspinnerkokons gar nicht findet, hat man schon früh begonnen, die Seidenspinner, ihre Raupen und Puppen wie Haustiere zu halten und zu züchten. Ein Schmetterlingsweibchen legt etwa dreihundert bis fünfhundert stecknadelkopfgroße, gelbe Eier auf die Blätter des Weißen Maulbeerbaumes. Nach drei Wochen schlüpfen die winzigen Räupchen. Dreimal am Tag müssen sie mit zarten, frisch gepflückten und gestampften Maulbeerblättern gefüttert und stets sauber gehalten werden. Die Räupchen dürfen nicht frieren. Sie brauchen ständig tropische Temperaturen von 24 bis 28 Grad und sind sehr empfindlich gegen Verschmutzung, aber auch gegen Lärm oder schlechte Gerüche.

Die Seidenraupen fressen mit gewaltigem, immer zunehmendem Hunger und verzehntausendfachen ihr Gewicht innerhalb von vier Wochen. Wenn sie sich viermal gehäutet haben und lang wie ein Daumen geworden sind, spinnen sie sich mit dem Seidenfaden ein. Die Puppe und der Schmetterling sind viel kleiner als die Raupe. Auch ist der Schmetterling enttäuschend bleich und farblos. Viel von seiner Kraft geht eben in den schönen, glänzenden, aber auch wärmenden oder kühlenden Seidenfaden hinein. Ein Glück für den, der ein Hemd oder einen Rock aus Seide trägt: Die Seide glänzt und schimmert nicht nur prächtig, sondern sie fühlt sich auch weich und glatt auf der Haut an, sie wärmt die Haut im Winter und kühlt sie im Sommer – wie der Kokon den entstehenden Schmetterling.

Alltags tragen die Frauen in den Städten westliche Kleidung, die Frauen auf dem Land meist einen Sarong, also einen aus einem Baumwoll- oder Seidentuch um die Hüften gewickelten, schmalen Rock, der bis zu den Knöcheln reicht. Auch die Männer haben im Alltag westliche Hemden und Hosen an, an den Festen hingegen traditionelle Hemden: weiß und vorne bunt bestickt. Früher trugen auch die Männer einen Sarong.

Männer und Frauen, die auf den Feldern, in Gärten oder beim Straßenbau arbeiten und den ganzen Tag über der stechenden, tropischen Sonne ausgesetzt sind, tragen immer einen Sonnenschutz: aus Bambus geflochtene, breite Hüte und zusätzlich oft noch ein großes Baumwolltuch, das um Hals und Mund gewickelt wird. Sonst würde die tropische Sonne leicht die Haut verbrennen. Anders als Europäer mögen Thai keine dunkelgebräunte Haut und versuchen, ihren hellen Teint zu bewahren. Manche Frauen cremen sich sogar mit Bleichungscreme ein – ganz im Gegensatz zu den Bräunungscremes, die bei uns verwendet werden.

Familie

Das größte Familienfest in Thailand ist eine Hochzeit, die mit viel Musik und Tanz – oft über mehrere Tage und mit mehreren hundert Gästen – gefeiert wird. Wenn ein junger Mann und eine junge Frau heiraten wollen, muss der Mann einen hohen Preis für die Braut an deren Eltern bezahlen: Er ist umso höher, je länger sie zur Schule gegangen und je besser sie ausgebildet ist. Nach der Hochzeit zieht der Mann – heute nur für einige Tage, früher für immer – in das Haus der Brauteltern, wird also in die Familie der Braut aufgenommen – anders als in vielen anderen Ländern, wo die Frau in das Familienhaus ihres Mannes einzieht.

Die Familie hält ein Leben lang zusammen. Erst sorgen die Eltern für ihre kleinen Kinder, viel später dann die Kinder für ihre alt gewordenen Eltern. Altersheime gibt es nicht. Es käme den Thai undankbar und unmenschlich vor, die eigenen Eltern allein zu lassen und von fremden Leuten pflegen zu lassen.

Kinder sind das größte Glück für die Familie. Solange sie klein sind, werden sie verwöhnt, und alles wird für sie getan. Doch weil es zu Hause so viel Arbeit gibt, müssen sie schon früh, mit zehn oder mit zwölf Jahren, kräftig mithelfen: Sie müssen waschen, putzen, kochen, die kleineren Geschwister betreuen oder – auf dem Land – den Reis auspflanzen und später ernten.

Manchmal müssen die Kinder so viel mithelfen, dass sie sogar die Schule versäumen, obwohl sie eigentlich bis zur sechsten Klasse dorthin gehen müssten.

Haus und Garten

Die Wohnhäuser glänzen nie so farbig und prachtvoll wie die Tempel. Alle älteren Häuser sind aus Holz gebaut, aber nicht bemalt. Kräftige Baumstämme tragen das Haus wie auf Stelzen, sodass man eine Treppe hinaufsteigen muss, um die Wohnräume zu erreichen. Manchmal kann man ein Haus während einer der häufigen Überschwemmungen in der Regenzeit nur noch mit dem Ruderboot verlassen. Trotzdem bleibt die hochgelegene Wohnung trocken.

An den hölzernen Stelzen und den Holzpfosten der Veranda hängen oft dicht an dicht Schalen mit wilden Orchideen. Herabhängende Kaskaden von blauen Blüten, gelben oder rosa Sternchenblüten verwandeln die hölzerne Veranda in einen Vorgarten des Regenwaldes. Hier auf der schattigen Veranda kann man auch gut die heiße Mittagszeit in einer Hängematte liegend verbringen, zumal wenn noch ein leichter Wind Kühlung bringt. Auch im schattigen Laubwerk der Gartenbäume blühen an Stämmen und Ästen aufgehängte Orchideen. Aus dichtem, dunkelgrünem Laub schimmern rot, orange und grün glänzende, pralle Mangofrüchte. Die Lagerstroemia-Bäume sind in der Trockenzeit dicht an dicht mit zartvioletten, wie knittriges Krepppapier aussehenden Blüten überzogen. Bäume und Sträucher stehen eng beieinander. Es gibt keinen Rasen oder niedrige Blumen in den Gärten. Selbst die Blumen wuchern in dem üppig-warmen und feuchten Klima übermannshoch, sodass man im Garten wie in einem Meer von quellendem Grün schwimmt, das einem bis zum Hals oder darüber hinaus geht: mehrere Meter hohe Zierbananen mit ihren großen, knallroten, herabhängenden Blütenständen, aus denen Vögel den Nektar trinken, oder Zieringwer, dessen dichte, lackartig-rosa Blütenstände auf aufrechten, mannshohen Stängeln prangen. Mittendrin strebt der schlanke Schaft einer Kokospalme in die Höhe. Erst hoch über dem Dach des Stelzenhauses strecken sich ihre mehrere Meter langen, gefiederten Blätter aus, in deren Blattachseln ein ganzes Büschel von Kokosnüssen heranreift.

Die Hauswände sind aus Holzbrettern gefügt: große, dunkle Planken der mächtigen Urwaldbäume. Früher waren alle Häuser aus dem wetterbeständigen Teakholz gebaut, das mit seiner dunklen, glänzend polierten Oberfläche besonders schön aussieht. Doch da so viele Teakbäume gefällt und in alle Welt verkauft wurden, sind sie selten geworden und werden geschützt. Neue Häuser werden daher aus anderen Hölzern oder meist aus Beton gebaut.

Wer ein neues Haus bauen will, muss erst einmal Sträucher und Bäume auf dem Grundstück roden. Die Naturgeister, die vorher in Blumen, Büschen und Bäumen lebten, verlieren damit aber ihr Zuhause. Damit sie nicht verärgert sind und dem neuen Hausbesitzer vielleicht üble Streiche spielen, bekommen sie auf dem Grundstück ein eigenes Geisterhäuschen: klein wie ein Puppenhaus auf einem Ständer, aus Holz oder Beton, oft bemalt und verziert wie die großen Tempel. Und wie dort, so bringt man auch vor den kleinen Tempelchen der Naturgeister Opfer: Blumen, Räucherstäbchen oder auch ein Glas Saft, Cola oder Schnaps. Vor besonders kritischen Stellen des Gartens, etwa einem Nest stechlustiger Hornissen, opfert man zusätzliche Gaben, um auch deren Geister friedlich zu stimmen.

Ein traditionelles Holzhaus bietet längst nicht so viel Schutz, wie wir das von einem europäischen Haus gewohnt sind: Das breite Dach schützt zwar vor dem Regen, aber der Wind weht oft ungehindert durch offene Fenster oder sogar durch die Ritzen zwischen den Holzbrettern hindurch. Die Nordseite ist die geschütztere, da hier die von Süden heranbrausenden heißen, feuchten Winde nicht direkt hereinwehen. Hier schlafen deshalb die kleinen Kinder.

Ein Gehöft besteht aus drei solch kleinen Stelzenhäusern, die nahe

Die Naturgeister eines Ortes erhalten in diesen «Geisterhäuschen» ein neues Zuhause. Hier bekommen sie täglich Räucherstäbchen, Speise- und Trankopfer gebracht.

aneinandergebaut und miteinander über Holzveranden verbunden sind: eines für die Küche und die Vorräte, eines als Wohnraum mit schön poliertem Holzmobiliar und eines als Schlafraum. Zentrum des Hauses ist der Altar, vor dem Buddha geehrt, aber auch den Vorfahren der Familie Opfer gebracht werden, damit ihre Geister weiterhin freundlich gestimmt bleiben und für eine friedliche Atmosphäre in der Familie sorgen. Einen Essraum mit Tisch und Stühlen gibt es nur in modernen Häusern. Traditionellerweise isst man auf dem Boden, im Schneidersitz oder mit angewinkelten Beinen sitzend, von einem winzigen Tischchen, auf dem die Speisen stehen.

Nicht immer aber gibt es drei solche gut ausgestatteten Häuschen. Oft haust die ganze Familie mit drei oder vier Kindern und vielleicht noch der Großmutter und zwei Tanten in einem einzigen Raum, wo nur Decken zum Sitzen und Schlafen ausgebreitet liegen. Moskitonetze schützen nachts vor allem in der Regenzeit vor den lästigen und manchmal Malaria* übertragenden Blutsaugern. Tagsüber sitzen die meisten Moskitos still und unsichtbar, doch abends und in den Nächten der Regenzeit steigen sie zu Millionen surrend aus den flach überschwemmten Reisfeldern auf. Dann kann man sich nur noch unter die Moskitonetze oder – in modernen Häusern – hinter die Moskitogitter an den Fenstern flüchten.

Jahreszeiten

Es kommt vor, dass es in der *Regenzeit* den ganzen Tag über regnet, manchmal auch mehrere Tage hintereinander. Das ist aber die Ausnahme. Normalerweise ist der Vormittag sonnig und heiß, mit Temperaturen bis über 30 °C. Erst am Nachmittag ballt sich dann die feuchte, vom Indischen Ozean herüberziehende Monsunluft zu gigantischen Gewitterwolkentürmen zusammen, die sich am Abend unter heftigstem Donnerkrachen in gewaltigen Regenmassen entladen. Ein kleines Flugzeug, das in eine solche Gewitterwolke gerät, wird so hin- und hergeschüttelt, dass man sich an den Sitzen festhalten muss, um nicht umhergeschleudert zu werden. Grellweiße Blitze zucken von einem Gewitterturm zum nächsten und erleuchten für Sekundenbruchteile die vorsichtshalber abgedunkelte Flugzeugkabine. So hin- und herge-

* Siehe Fußnote Seite 25.

schleudert könnte das Flugzeug nicht landen, ohne mit den Tragflächen aufzuschlagen und zu zerschellen. Es muss mehrere Runden in der Luft drehen und warten, bis das Gewitter vorübergezogen ist, oder notfalls einen anderen Flughafen ansteuern. Hoffentlich reicht das Flugbenzin so lange!

Sintflutartig ist die tropische Regenzeit; doch zum Glück ist hier nach einer oder zwei Stunden meist alles vorbei. Dampfschwaden ziehen dann durch die heiße tropische Nacht, während das Regenwasser noch von den Dächern tropft und langsam im Boden versickert. Das Wasser in den Bächen und Flüssen steigt rasch und überschwemmt die umliegenden Felder. Der angepflanzte Reis verträgt die Überschwemmungen, ja er braucht sie sogar. Viele Quadratkilometer Land stehen dann unter Wasser. Die Häuser in den großen Überschwemmungsebenen sind ja alle auf Stelzen gebaut; ihnen passiert nichts. Doch in den Städten richtet die Flut oft große Schäden an, wenn ganze Stadtteile über Wochen und Monate unter Wasser stehen. Trotz mancher Zerstörungen wird die Regenzeit jedes Jahr sehnlichst erwartet, denn der warme Regen sorgt für Wachstum und Leben, und selbst die Überschwemmungen bringen mit ihrem düngenden Schlamm Fruchtbarkeit für die Felder.

Nach der Regenzeit beginnt im November die mildeste Zeit: Es ist so warm wie bei uns im Mai, doch regnet es nicht, die Luft ist trocken. Diese Zeit wird als die *kühle Jahreszeit* bezeichnet, obwohl sie so angenehm warm ist.

Im März dreht der Wind und bringt statt nördlicher, kühler Luft nun heiße und feuchte Meeresluft von Süden. In dieser schwülen Jahreszeit steigt die Temperatur mittags bis 38 oder sogar 42 °C. Bei jeder Bewegung bricht der Schweiß aus allen Poren des Körpers aus. Er kühlt aber kaum, da die Luft kaum noch Feuchtigkeit aufnehmen kann. Mangels Kühlung schwitzt der Körper dann noch mehr. Nur Fächer oder Ventilatoren helfen, in manchen Häusern und Hotels auch Klimaanlagen.

Niemand mag sich mehr bewegen, sondern verbringt jede kleine Pause am liebsten in der Hängematte, irgendwo im Schatten schaukelnd mit einem Glas eisgekühlten Wassers. Wer es kann, flieht in der *heißen Jahreszeit* in die Berge, wo es vor allem nachts etwas kühler ist und man besser schlafen kann. Auch der König zieht in seinen Sommerpalast in den Bergen.

In den darauffolgenden Monaten ist es heiß und trocken. Roter Staub liegt auf den ehemals grünen Blättern von Büschen und Bäumen und wirbelt bei jedem Schritt auf. In den Wasserreservoiren und Zisternen stehen nur noch Pfützen. Das Wachstum stockt. Am Ende der Trockenzeit sehnt sich jeder nach dem Regen, reckt den Hals und hält Ausschau nach den ersten dunklen Wolken, spitzt die Ohren, um das erste Donnergrollen zu vernehmen, und prüft jeden Luftzug mit der Nase, ob er die ersehnte Feuchtigkeit bringe. Doch wehe, wenn der Regen ausbleibt, wenn das Trinkwasser ausgeht und der Reis nicht ausgepflanzt werden kann! Die ersten Gewitterwolken, die mit unüberhörbarem Donnergrollen heranrollen «gleich tausend Elefanten, die im Himmel rennen», wie die Dichter sagen, und die ersten Regentropfen werden mit erleichterter Freude und mit Jubel begrüßt, manchmal mit richtigen Regentänzen. Der Regen reinigt und erfrischt; saftige grüne Blätter und Blüten sprießen erneut und Schmetterlinge fliegen wieder. Jetzt beginnt das scheinbar verdorrte Leben von Neuem!

Regionen

Thailand ist ein großes, lang gestrecktes Land, das sich von seiner Nordgrenze bis zur Südspitze über 1700 Kilometer ausdehnt. Das ist etwa so weit wie von Oslo in Norwegen durch ganz Deutschland und die Schweiz bis nach Mailand in Italien. Deshalb sieht es in Thailand natürlich nicht überall gleich aus, sondern es gibt ganz verschiedene Regionen.

Die großen Reisebenen

Das Gebiet, in dem die meisten Thai leben, sind die weiten, von großen Flüssen durchzogenen Ebenen: Fast alle Flüsse ergießen sich entweder in den Maenam Chao Phraya (Maenam heißt «Mutter der Flüsse»), der bei Bangkok in den Golf von Thailand mündet, oder in den Mekong, der weiter durch Kambodscha fließt und sich in Vietnam in das Südchinesische Meer ergießt.

Man nennt das Gebiet am Chao Phraya auch die Reisschüssel Thailands, einmal wegen der flachen Schüsselform, zum anderen, weil, soweit das Auge reicht, Reis angebaut wird. Die jährlichen Überschwemmungen haben so viel feinen Tonschlick auf den Feldern abgelagert, dass bei jeder nächsten Überschwemmung das Wasser von dem Ton gestaut wird und nur ganz langsam versickert. Die Zeit, bis das Wasser versickert ist, ist genauso lange, wie der Reis zum Wachsen braucht und im Wasser stehen muss. Kein anderes Getreide verträgt so lange so viel Wasser; der Reis aber braucht genau diese Menge!

Reis anzubauen erfordert mehr Arbeit als etwa Weizen oder Roggen: Die Reiskörner werden nicht direkt in das Feld ausgesät, sondern in vorbereitete Saatbeete, wo sie dicht an dicht keimen, viel zu dicht, um dort mehr als eine Handspanne Größe zu erreichen. Dann werden sie aus dem schlammigen Saatbeet ausgegraben und in das gepflügte und geeggte Feld ausgepflanzt. Am besten geht dies von Hand. Jedes einzelne Pflänzchen muss in die feuchte Erde gesetzt und angedrückt werden. Das ist harte, besonders für den Rücken anstrengende Arbeit,

Links: In den Ebenen zwischen den Bergen und Hügeln wird Reis angebaut. Hier ist er noch grün und unreif. – Rechts: Bald sind die Reiskörner reif.

bei der man barfuß im matschigen Feld steht. Männer und Frauen arbeiten gemeinsam in Reihen nebeneinander und singen und lachen oft zusammen, denn Thai lachen gerne und viel. So wird die eintönige Arbeit erfreulich.

Wenn alle Reispflänzchen ausgepflanzt sind, brauchen sie sofort viel Wasser. Entweder muss es jetzt viel regnen, also die Regenzeit beginnen, oder man muss Wasser aus dem nächsten Fluss auf die Felder leiten. Jedes Feldchen hat einen niedrigen Damm sowie Zu- und Ablaufgräben, über die das Wasser nach und nach hereinfließt – nicht zu schnell und nicht zu viel, sonst ertrinkt der Reis. Natürlich müssen die Felder ganz eben sein, sonst läuft das Wasser über den Damm. An Hängen legt man Terrassen an, die übereinander gestaffelt sind. Hier ist oft keine zusätzliche Bewässerung möglich: Es muss genügend regnen, sonst verdorrt das ganze Feld.

Der Wasserstand auf den Feldern muss immer gut kontrolliert werden – nicht zu viel und nicht zu wenig –, und erst wenn der Reis blüht, wird das Wasser wieder abgelassen. Die Reisblätter dunkeln nicht nach wie die Blätter anderer Getreide, sondern behalten ihre frischgrüne, frühlingshafte Farbe über viele Wochen, sodass ein Reisfeld immer erfrischend und lebensvoll aussieht. Wenn die Blätter gilben, ist der Reis reif und wird geerntet. Früher hat man in Thailand Sicheln zum Mähen benutzt wie heute noch in manchen anderen asiatischen Ländern. Inzwischen erntet man in Thailand mit Mähdreschern. Anschließend wird der schwere, lehmige Boden gepflügt und geeggt – früher mit den starken, langhornigen Wasserbüffeln, heute mit dem «eisernen Büffel», dem Traktor.

Reis anzubauen ist also zweimal sehr anstrengend: beim Auspflanzen und beim Ernten. Weil es keinen Winter gibt, sondern das ganze Jahr über warm ist, kann man Reis auf besonders fruchtbaren Feldern sogar zweimal im Jahr anbauen. Dort, wo er nur einmal gepflanzt wird, gibt es zwischen Auspflanzen und Ernten lange Zeiten, in denen der Reis wächst, der Mensch aber nicht viel tun muss. Früher, als man fast nur Reis anbaute, hat man diese Zeit für Feste, Tänze und Erzählungen genutzt. Heute baut man noch vieles andere an, das in dem heißen und regenreichen Klima üppig gedeiht, sodass es das ganze Jahr über Arbeit gibt: Kokosnüsse, Cashewnüsse, Mandarinen, Ananas, Mangos, Zitronengras, Zuckerrohr, Melonen und eine große Anzahl Früchte, die nie nach Europa kommen, ja deren Namen man hier gar nicht kennt: Rambutan, die wie apfelgroße Kletten aussehen, kopfgroße, wie Käse riechende Durianfrüchte oder die violetten Früchte eines fremden Kaktus mit zartem, weißem Fruchtfleisch. Bei einem Gang über einen der farbenprächtigen Märkte kann man nur staunen, was es in Thailand alles an Unbekanntem gibt: Thailand ist ein großer, paradiesischer Garten!

Reis ist das Grundnahrungsmittel in der thailändischen Küche. Fragt man jemanden, ob er schon gegessen habe, so fragt man: «Hast du schon mit-Reis gehabt?» Keineswegs aber ist die Thaiküche eintönig, im Gegenteil, die vielen verschiedenen Gemüse- und Obstarten, die exotischsten, scharfen und milden Gewürze, die Fülle verschiedenster, frisch gefangener Meeresfische, zahlreiche Krabben- und Garnelenarten, Hühner- und Schweinefleisch und Kokosmilch zur Milderung und Verfeinerung des Geschmacks geben den Köchinnen und Köchen reichlich Gelegenheiten, mit Fantasie und feiner Zunge immer neue Gerichte zu schaffen. Die Thai-Kochkunst ist auf der ganzen Welt berühmt für ihre vielfältigen und köstlichen Speisen. Für ausländische Besucher gibt es überall Kochschulen, in denen man sie praktisch erlernen kann. Das Essen ist oft mit Ingwer, Chili und anderem brennendscharf gewürzt. Das ist nicht nur eine Frage des Geschmackes, sondern schützt auch den Magen vor Krankheiten, die sich in dem heißen Klima sonst leicht ausbreiten würden.

Bergregenwälder

Ganz anders sieht es in den Gebirgen aus, die Thailands «Reisschüsseln» wie ein Schutzwall umgeben. Sie sind weiterhin von den dichten Regenwäldern bedeckt, die einst überall in Thailand verbreitet waren.

Wenn die Nacht im Regenwald weicht und die Morgendämmerung beginnt, ziehen sich die nachtlebenden Tiere zurück: Das Schrillen der Zikaden, das ununterbrochen, die ganze Nacht über, wie ein Sägewerk kreischte, verstummt mit einem Mal. Die Fledermäuse verschwinden, eine nach der anderen, in den großen Berghöhlen, aus denen sie in der vorangegangenen Abenddämmerung zu Hunderttausenden in einem langen, nicht enden wollenden Band herausgeflattert sind. Die Stachelschweine legen rasselnd die langen, schwarz-weiß gestreiften Stacheln an und trotten in ihren unterirdischen Bau. Die seltenen Schabrackentapire – vorne und hinten sind sie schwarz, in der Mitte weiß – stürzen sich platschend in ihre Schlammtümpel, um dort den heißen Tag über kühl zu verbringen und nur gelegentlich mit dem kurzen Rüssel herauszuschnüffeln, ob die Luft rein ist. Die kleinen Geckos («géckhogéckho») und die bis zu ellenlangen Tockehs («tóckee-tóckee») stellen ihre weithin schallenden Rufe ein und zwängen sich in eine Rindenspalte oder -lücke, wo sie sich mit ihren Haftfingern gut festklammern und den Tag verschlafen. Ihre rindenfarbene Haut ist dann nicht von der Baumrinde zu unterscheiden.

Andere Tiere erwachen jetzt. Der Regenwald erschallt von neuartigen, durchdringenden Rufen: Die Rotkopftrogone, hähergroße Vögel mit orangeroter Brust und schwarz-weiß gestreiftem Schwanz, dröhnen dumpf «laub-laub-laub». Ein Trupp weißköpfiger Lachdrosseln hüpft lärmend, schnackernd und rätschend durch das Geäst. Plötzlich kräht in diese fremden Laute hinein ein altbekannter Hahnenschrei. Gibt es ein Dorf in der Nähe, hier mitten im Regenwald? Nein, dies war kein Haushahn, sondern einer der wilden Dschungelhähne, von denen alle Haushühner der Welt abstammen. Mit seinem prächtig rot anschwellenden Kamm und den goldbraunen und schwarz-grün glänzenden Schmuckfedern wäre er eine Zierde für jeden Hühnerhof!

Überall ruft es, bewegt sich und raschelt im dichten, dunkelgrünen Laub. Aber wenn man die Vögel dann sehen will, kann man nicht einmal die leuchtend bunten Arten entdecken. Zu dicht und zu undurchsichtig ist das Gewirr der Blätter, zu scheu sind die meisten Vögel. Doch den goldgelben Bülbül mit der schwarzen Federhaube auf seinem Kopf können wir mit dem Fernglas beobachten, wenn wir den melodischen «Bül-bül»-Rufen folgen, denn er ist gar nicht scheu und lässt uns nahe herankommen.

Ohne lange Dämmerung ist es plötzlich hell geworden. Die Sonne geht senkrecht auf – für uns noch unsichtbar hinter den Bäumen. Wenn ihr wärmendes Licht die Baumkronen erreicht hat, ertönt ein neuer, wohlklingender, langgezogener Ruf, der den Wald erfüllt und kilometerweit zu hören ist: Er beginnt mit dunklen, tiefen, glockenartigen Klängen, die zu einem hohen, schnatternden Japsen und Jauchzen ansteigen und zu einem hellen, fröhlichen Gelächter anschwellen, bis er in immer leiser werdendem Glucksen verklingt. Andere Stimmen fallen von anderen Bäumen her ein, wechseln miteinander ab und klingen in richtigen Duetten und Chören zusammen. Die Gibbons – denn diese kleinen Menschenaffen sind es, die hier singen – sitzen oder stehen dabei auf den sonnenbeschienenen Baumästen und schmettern ihr Lied mit zurückgelegtem Kopf und voller Stimmkraft hinaus. Vor Aufregung schwingen sie sich zum Schluss in schnellen Drehungen um einen Ast. Männchen und Weibchen lernen sich über Jahre so gut kennen und stimmen sich so genau aufeinander ein, dass ihre beiden unterschiedlichen Melodien ein gemeinsames, wohlklingendes Lied ergeben.

Später am Tag ziehen die dicht, schwarz oder beigeweiß bepelzten Gibbons in kleinen Trupps durch die Baumkronen, greifen mit ihren langen, schlanken Händen einen Ast – scheinbar ohne ihn zu beachten – und hangeln sich an ihren Armen, die fast so lang wie der ganze Körper sind, mit atemberaubender Geschwindigkeit und ohne erkennbare Anstrengung von Baum zu Baum. Dabei schwingen sie sich über weite Strecken frei durch die Luft, als flögen sie, ohne die Bäume überhaupt zu berühren. Nur sehr selten kommt es vor, dass ein Gibbon einen Zweig nicht erwischt und zu Boden stürzt. Immer wieder pausieren sie, pflücken Blätter, Blüten und Früchte, picken Insekten auf und fangen wohl auch einmal einen Vogel im freien Flug. Obwohl sie auch auf der Erde gewandt und schnell laufen können, verlassen sie die Baumwipfel doch nur, um an einem Bach oder Fluss zu trinken. Dort schauen sie sich

Nur selten sieht man die Gibbons in den dichten Baumkronen. Hier schwingt sich einer an einem kahlen Ast entlang.

vorsichtig um, tauchen eine Hand in das Wasser, halten diese dann über den Kopf und schlürfen die Tropfen ab. Wenn es im Gebüsch raschelt und prasselt und ein großer Trupp hellbrauner Schlankaffen mit Bellen und Geschrei auftaucht, verlassen die friedliebenden Gibbons den Bach und verschwinden geräuschlos in den Baumwipfeln. Anders als diese trinken die Schlankaffen kopfunter mit dem Mund von der Wasseroberfläche. Währenddessen spielen die Jungen noch etwas tollpatschig im flachen Uferwasser, toben und spritzen sich gegenseitig nass.

Auch sie halten sich nicht unnötig lange an der Wasserstelle auf, denn viele Tierarten erscheinen hier im Laufe des Tages: Es riecht streng nach dem Dung wilder Elefanten – noch ganz frisch. Manchmal riecht es noch strenger und gefährlich scharf: nach Tiger ... Die meisten Tiere kennen diese Gerüche und meiden solche Stellen. Die Schmetterlinge kennen sie auch, doch kommen sie gerade deshalb herbei. Falter in den prächtigsten Farben – metallisch-grüne Sprenkel auf Schwarz mit großen orangen und lila Augen oder schwarz-gezackte Linien auf Feuerrot – versammeln sich hier. Im feuchten Sand stillen sie ihren Durst mit dem Leben spendenden Wasser. Der scharfe Saft von Elefantendung macht sie schier trunken. Torkelnd suchen sie mit ihren Fühlern den intensivsten Geschmack und saugen gierig mit ihren Rüsseln – offenbar eine besondere Köstlichkeit! Auch überreife oder schon faulende, am Boden liegende Früchte mit ihren herben oder verwesend-süßlichen Düften locken die Falter an. Häufiger aber trinken sie den Nektar der Orchideenblüten, deren zarter Duft immer wieder wie ein angenehm leichter Parfumhauch erfrischend durch den Wald zieht. Diese köstlichen Blüten aber bleiben auch dem aufmerksam suchenden Beobachter verborgen: In schwindelnder Höhe, ganz oben auf den breit ausladenden Ästen der Baumriesen, gedeihen sie, stets der Sonne zugewandt, von unten unsichtbar. Nur manchmal liegen abgefallene Blüten als farbige Tupfer auf dem dunklen Waldboden.

Normalerweise umfliegen den Besucher beim Gang durch den schattigen Regenwald nur dunkle, braune oder ganz durchsichtige Schmetterlinge. Doch an den Wasserstellen, besonders den Wasserfällen, wo Platz zwischen den Bäumen ist und das Sonnenlicht bis tief auf den Boden fällt, kommen auch diejenigen Falter herab, die sonst den ganzen Tag über im hellen Sonnenlicht um die höchsten Wipfel der Baumriesen kreisen und den Nektar der Orchideen saugen. Nur hier am Wasser kann man diese prächtigen Falter bewundern!

Die Menschen in den Bergregenwäldern Thailands leben nicht von der Jagd wie in anderen Regenwäldern der Welt. Ursprünglich zogen sie von einer Stelle zur nächsten, wo sie feldgroße Stücke an den Gebirgshängen rodeten und übereinander gestaffelte Terrassen für Reis anlegten: eine Bergreissorte, die weniger Wasser braucht und ohne Bewässerung auskommt. Die Körner kleben beim Kochen – im Gegensatz zu dem

Oben: Nur an Wasserstellen kommt das Sonnenlicht bis auf den Waldboden.

Unten: Oft saugen Hunderte prächtiger Falter an den feuchten Sandbänken.

lockeren Reis des Tieflandes – zäh und fest zusammen, «Klebreis», den die Bergbewohner besonders schätzen. Heutzutage wandern die Dörfer und ihre Bewohner nicht mehr durch den Regenwald, sondern bleiben stets an Ort und Stelle. Die Menschen in den Bergregenwäldern sprechen, im Gegensatz zu allen anderen Bewohnern des Landes, kein Thai, sondern die Sprachen, die sie aus ihrer Heimat mitgebracht haben, als sie aus Burma, dem Himalaya oder China hierher eingewandert oder geflüchtet sind. Das sind die Völker der Karen, der Hmong, der Mien und noch viele weitere. Manche warten nur darauf, in ihre Heimat zurückzukehren; andere haben sich entschieden, in den Bergen Thailands zu bleiben. Sie leben anders als die Thai und haben nur wenig Kontakt mit ihnen.

Über viele Jahre säten sie auf den gerodeten Waldstücken Schlafmohn aus. Das sah mit den roten oder blassrosa Blüten auf den ersten Blick recht hübsch aus. Doch aus den Mohnkapseln wird nicht nur harmloser Mohn für Mohnbrötchen geerntet, sondern auch Opium, Heroin und andere gefährliche Rauschgifte hergestellt, die viele Menschen süchtig gemacht und ihnen das Leben gekostet haben. Der Mohnanbau wurde verboten. Manche Dorfgemeinschaften leben seither wieder vom Reis. Sie bauen nichts anderes an und haben weder Strom noch elektrisches Licht. Wenn jemand krank wird, helfen sie sich mit Kräutern, denn es gibt keinen Arzt. Ihre Hütten bauen sie aus gespaltenen Bambusrohren, die sie im Regenwald schlagen. Das Leben im Bergregenwald ist anstrengend. Immer muss etwas getan werden: Der Reis muss gejätet, die Wasserbüffel gehütet, Bambus gespalten, ein Messer muss geschmiedet werden. Wer kein Feuerholz schlägt, friert in der kühlen Nacht; wer den Reis nicht versorgt, hungert. Doch ist der Wald auch der große Ernährer und Beschützer, in dem es alles gibt, was man braucht: Kräuter für Medizin und Farbstoffe für die Gewänder, viele schöne Eindrücke, etwa die prächtig bunten Orchideen, und

Die Frauen der Karen weben an einfachen Hüftwebstühlen.

natürlich den nächtlichen, nicht von Laternen geblendeten Blick auf die Sterne.

Obwohl die Menschen in den Regenwalddörfern so wenig besitzen, machen sich oft Touristen über die langen Waldwege zu Fuß durch den Regenwald auf, um sie zu besuchen. Sie vermissen in Europa oder Amerika das einfache und ursprüngliche Leben und suchen es hier.

Die Menschen in anderen Dörfern haben gelernt, Gemüse, Obst und Blumen anzubauen, die sie in ganz Thailand verkaufen, denn die Thai mögen frisches Obst und Blumen sehr gerne. Manches wird sogar ins Ausland ausgeführt. Sie halten auch Tiere: Schweine, Hühner, Bienen und Wasserbüffel, haben Gewächshäuser, elektrisches Licht und Schulen für die Kinder.

Mädchen und Frauen der *Karen* weben auf sehr einfachen Hüftwebstühlen bunte Tücher und die langen weißen Kleider, die die unverheirateten Mädchen tragen. Sie besticken Hemden und Westen mit kleinen, spitzen Grassamen und Glasperlen. Die *Hmong* dagegen tragen schwarze Kleider und Hauben, auf die sie Muster aus Silberfäden, kleine Silberglöckchen und anderen Schmuck sticken, sodass sie prächtig anzusehen sind. Der an Festen getragene Schmuck ist so üppig, dass er manchmal zwei Kilogramm wiegt.

In den Dörfern, zu denen eine Straße führt – und das sind keineswegs alle –, packen die Frauen abends einen Teil dieser schön gefertigten Kleider in große Taschen, verstauen sich und die Taschen auf der Ladefläche von Lieferwagen und fahren in die nächstgelegenen Städte. Dort breiten sie eine Decke auf der Straße oder einem einfachen Stand aus und bieten die Kleider und andere kunstvoll gearbeitete Dinge auf abendlichen Straßenmärkten zum Verkauf an. Manchmal führen sie auch ihre alten Tänze auf: Erntetänze, Tänze zur Beschwörung der Vorfahrengeister oder den Tanz vom König der Vögel.

Spät in der Nacht packen sie alles, was sie nicht verkauft haben, wieder in die Taschen und fahren mehrere Stunden lang zurück in ihr Dorf, über schlechte Waldstraßen mit tiefen Schlaglöchern und oft steil bergauf. Mitunter müssen sie absteigen, weil der vollgeladene Lieferwagen nicht hinaufkommt – ein anstrengendes und ermüdendes Leben! Aber die Karen, Hmong, Mien und andere Bergvölker führen lieber miteinander dieses anstrengende Leben in ihrem Wald und ihrem Dorf, zu dem sie gehören und in dem sie sich wohlfühlen, als dass sie in eine fremde Stadt zögen, wo sie wahrscheinlich keine Arbeit fänden und allein im Elend leben müssten.

Die Küsten

Auf der Landkarte sieht Thailand entfernt wie ein Elefantenkopf aus; der Rüssel entspräche dabei der lang gestreckten malaiischen Halbinsel, deren Südteil schon zu Malaysia gehört. Dieser viele hundert Kilometer ins Meer hineinragende «Rüssel» ist natürlich auf beiden Seiten von sehr langen Küsten gesäumt – insgesamt sind es Küsten von über 2600 Kilometern Länge, die keineswegs überall gleich, sondern recht unterschiedlich aussehen.

Ursprünglich reichte der Regenwald, der heute nur noch die Gebirge Thailands bedeckt, durch alle Ebenen bis an die Küsten. Heute stehen dort zwar auch noch Bäume, und aus dem Flugzeug, aus großer Höhe gesehen, sieht es fast wie Wald aus. Doch schon beim Landen erkennt man, dass alle Bäume schnurgerade und in Reihen nebeneinander gepflanzt sind: Kautschukbäume und Ölpalmen. Viele Stunden lang kann man durch diese weitläufigen Plantagen fahren, aus deren dunklem Grün nur ab und zu ein kleines Dorf mit einer Ölmühle auftaucht, wo das rote Palmöl aus den faserigen Früchten der Palmen gepresst wird. Und bei der Produktion von Naturkautschuk steht Thailand heute im internationalen Vergleich an erster Stelle.

Kautschuk – «der weinende Baum»

Mitten in der Nacht gleiten Schatten unter dem schwarzen Kronendach hindurch. Zu den silbernen Flecken des Mondlichts, das zwischen den Blättern hindurch auf die laubbedeckte Erde fällt, blinken Taschenlampen von Stirnbändern. Während die Arbeiter sich leise unterhalten, setzt jeder von ihnen seinen scharf geschliffenen Geißfuß, eine Art Messer mit gewinkelter Klinge, an die weißlich-graue, glatte Rinde eines Baumes und ritzt kräftig und geschickt eine elegant geschwungene Kerbe um den halben Stamm herum, knapp unterhalb der Kerbe von vorgestern und der von vor vier Tagen. Wie die Befiederung eines Pfeiles sieht das Muster der alten Narben in der Baumrinde aus oder wie eine halbmetergroße Tätowierung. Der Arbeiter eilt weiter zum nächsten Baum. Die

Links: Die Rinde des Kautschukbaumes muss sehr sorgfältig angeritzt werden – nicht zu flach und nicht zu tief –, dann läuft der Kautschuksaft in die halbe Kokosnuss. Rechts: Die weichgetretenen Roh-Kautschuklappen müssen noch trocknen.

Bäume stehen hier in gerader Linie, immer einige Meter voneinander entfernt. Eine unabsehbare Zahl von Bäumen muss in dieser Nacht noch angeritzt werden. Konzentriert und ruhig gehen die Arbeiter vor: Der Schnitt darf nicht zu tief und nicht zu flach sein. Träumen dürfen sie nicht, trotz der tiefnächtlichen Dunkelheit, denn sie müssen auf giftige Spinnen und Schlangen achten, die im Dunkeln unterwegs sind, manchmal auch auf Banditen.

Unterdessen beginnt der Baum zu weinen: Schwerer, zähflüssiger weißer Milchsaft, der im Mondlicht glänzt, rinnt wie Tränen aus der frischen Wunde. Er läuft über eine hölzerne Rinne und tropft in ein daruntergehängtes Gefäß: die Schale einer halben Kokosnuss oder einen Plastikbecher.

Noch vor Sonnenaufgang müssen alle Schalen wieder geleert und der weiße Saft in einen großen Eimer gegossen werden, sonst wird er schlecht. Wenn die Sonne dann aufgeht, werden alle Eimer zu einer kleinen Hütte gebracht und dort in eine große Wanne entleert. Wasser und Essigsäure werden hinzugegeben und verrührt. Die Kautschuktröpfchen gerinnen, und die Flüssigkeit wird zäher. Dann wird die Masse in viele flache Pfannen gedrückt, wo sie aushärtet. Manchmal benutzt man eine kleine Handmangel, um die entstehenden Kautschuklappen durchzuwalken, oft aber auch nur ein großes Rundholz und die bloßen Füße, um die Lappen weichzutreten. Wenn die handtuchgroßen, flachen Roh-Kautschuklappen in der Vormittagssonne auf der Wäscheleine hängen, ist die Arbeit dieser Nacht getan. Jetzt wird das Mittagessen, die Hauptmahlzeit, gekocht. Der Nachmittag ist frei. Die Beine sind jetzt auch schon fast so weich wie der Gummi. Doch bereits wenn die Sonne um sechs Uhr untergeht, gehen die Arbeiter zu Bett, denn mitten in der Nacht, um zwei Uhr, wird wieder der Wecker klingeln.

Alle zwei bis drei Tage wird jeder Baum angeritzt und sein zäh-tropfender, weißer Milchsaft gesammelt. «Cachuchu» – «weinender Baum» – nennen die Indianer Südamerikas diesen Baum aus der Familie der Wolfsmilchgewächse, der ursprünglich nur in den Regenwäldern ihrer Heimat wuchs. «Cachuchu» wurde zu «Kautschuk» — dem Namen, unter dem der Baum heute überall, wo er in tropisch-feuchten Gebieten wächst, bekannt ist. Mit Schwefel wird der klebrige Rohkautschuk zu elastischem Gummi weiterverarbeitet. Man nennt das «Vulkanisieren». Damit ist es der Ausgangsstoff für die verschiedensten Gummiprodukte: Auto-, Fahrrad- und Flugzeugreifen, Schuhsohlen, Regenbekleidung, Gummibälle und vieles mehr. Selbst wenn Gummi heute auch aus Erdöl hergestellt werden kann, ist Naturkautschuk für vieles immer noch unersetzlich.

Allein in Thailand werden jedes Jahr zwei Millionen Tonnen Naturkautschuk gewonnen. Nacht für Nacht stehen die Kautschuksammler dafür in tiefster Dunkelheit auf und sammeln von Baum zu Baum die weißen Tränen des «Cachuchu» ein.

Dort, wo das Gebirge jäh ins klarblaue Meer abfällt, wo das durchsichtige Meer rasch tief und dunkelblau wird, wachsen in dem ständig um 30 °C warmen Wasser vor der Küste ausgedehnte *Korallenriffe*. Winzige Polypen bauen in unvorstellbarer Anzahl gemeinsam ein Riff aus Kalk, das wie aus riesigen Tischen, Säulentrommeln und überdimensionierten Fächern zusammengeschachtelt aussieht. In den großen und kleinen Löchern und Höhlungen leben nicht nur die Polypen, sondern auch eine unüberschaubare Fülle farbenprächtiger Tiere: knallrote, blassgelbe oder neon-lila Seeanemonen mit Tentakeln, die in der wogenden Strömung schwanken, zwischen denen sich orange-weiße Anemonenfische verbergen und über die hinweg rot-weiß gestreifte Garnelen mit langen, grazilen Stelzbeinen huschen; rosa-weiß im Zickzack gebänderte Seeschnecken liegen dazwischen, die trotz ihrer grellen Farbe kaum auffallen, weiße, dickschalige Riesenmuscheln, deren leuchtendblau schimmernder, weit aus den Schalen herausragender Saum sich leise wellt, blaue oder braune, tagsüber ruhende Seesterne, grün-violett gestreifte Lippfische, grellgelb und schwarz getupfte Doktorfische, aber auch die dunklen, hochgiftigen Muränen, die erst nachts aus ihren Höhlen herauskommen, und die ebenfalls giftige, schwarzweiß quergebänderte Seeschlange, die schwimmend-schlängelnd tief unten im Riff verschwindet. Wenn man, mit Taucherbrille und Schnorchel ausgestattet, ruhig und ohne zu planschen, über das Korallenriff treibt, gewöhnen sich die zunächst scheuen Fische an den fremden Besuch; ein ganzer Schwarm schwarz-weiß-gelber Zebrabarsche kommt ganz dicht heran, manchmal knabbern sie sogar an Fingern und Zehen des Tauchers, der vor Schreck zusammenzuckt. Sie sind aber ganz harmlos.

Dort, wo die großen, trüb-gelben Flüsse große Mengen Sand und Schlamm ins Meer schwemmen und das klare Meerwasser in eine undurchsichtige Brühe verwandeln, können die Korallen nicht leben. Mehr und mehr lagert sich vor den Flussmündungen ab, schließlich so viel, dass Schlick, Sand und Ton die Wasseroberfläche erreichen und bei jeder Ebbe trockenfallen und bei jeder Flut wieder überspült werden.

Was kann hier leben, wo der Boden mit jeder Welle hin- und hergespült wird und nichts an derselben Stelle bleibt? Wer das Nordseewatt kennt, weiß, dass dort im Watt nur sehr wenige Pflanzen und schon gar keine Bäume gedeihen. Wie sollten ihre Wurzeln in dem schlickigen Boden auch Halt finden? Und wie sollten jemals Samen dort keimen, wo der Boden unaufhörlich hin- und hergedriftet wird?

An den tropischen Küsten aber gibt es Bäume, sogar ganze Wälder: die *Mangrovenwälder*. Zusätzlich zu den «normalen» Wurzeln entspringen an ihrem Stamm weitere Wurzeln, die schräg nach unten verlaufen, sich dort verankern, versteifen und den Baum stützen. Bei Ebbe sieht man ein dichtes, scheinbar völlig verworrenes Gestrüpp von Stelzwurzeln, durch das niemand hindurchklettern könnte; bei Flut sind sie überschwemmt und unsichtbar. Und die Baumsamen? Sie keimen schon am Baum und schwellen zu zwei dicken grünen Blättern an. Eine spitze und steife, bis halbmeterlange Wurzel schiebt sich nach unten heraus. Wenn der schwere Same herabfällt, bohrt sich die Wurzel in den weichen Schlick ein und steckt dort – mit etwas Glück – so fest, dass die Flut sie nicht wieder herausspült.

Zwischen den Mangrovenwurzeln wird das ein- und ausströmende Meereswasser gebremst und verlangsamt. Damit schützt der Mangrovenwald die dahinterliegende Küste vor der zerstörerischen Wucht von Sturmwellen. In dem geschützten Wurzelbereich verbergen sich die Jungtiere sehr vieler Meeresfische. Sie wachsen hier sicher vor großen Raubfischen heran und verlassen die Mangrove erst als Erwachsene, um im offenen Meer zu leben. Für viele Vogelarten ist der Mangrovenwald Heimat. Sie sind aber in dem dichten Grün so gut versteckt, dass man sie trotz ihres bunten Gefieders nur selten entdeckt. Doch der türkis-blau-weiße Eisvogel, der mit laut keckernder Stimme ruft und auf einem Mangrovenast sitzend auf einen Fisch wartet, ist schon von Weitem zu sehen.

*Der Rand des Mangrovenwaldes fällt bei Ebbe trocken,
bei Flut wird er überschwemmt.*

An manchen Stellen hat das Meer keinen Ton und Schlick, sondern nur Sand aufgespült: einen hellbraunen oder auch fast weißen Sandstrand. Oft ist er von schroffen, senkrechten und sehr harten Kalkfelsen umgeben, die eine Art Schutzmauer um die flachen Strandbuchten errichten. In diesen Buchten haben schon früh Fischer ihre Hütten aufgeschlagen, denn an den flachen Stränden können sie leicht ihre hölzernen Boote an Land ziehen und über Nacht an den Kokospalmen vertäuen. Umgeben von den hohen Felsen liegen sie dort sicher vor Stürmen geschützt. An den langen, schmalen Fischerbooten ragt vorne ein kräftiger, hölzerner Steven, um den meist Blumenkränze und bunte Bänder gehängt und gewunden sind – ähnlich wie an den Geisterhäuschen. Die Boote sind offen, nur mit einer Sonnenschutzplane versehen. Hoch oben am Heck ist ein alter Automotor drehbar und beweglich aufgebockt, der mit einer mehrere Meter langen Welle die Schiffsschraube antreibt. Zum Manövrieren und Steuern zwischen den Korallenriffen werden der ganze Motor und die lange Antriebswelle mithilfe eines langen Steuerhebels bewegt – eine Arbeit, die Kraft und Geschicklichkeit erfordert, denn das schmale Boot kentert leicht.

Die Fischer legen ihre Netze in der Nähe der Küste aus und ziehen Krabben, Krebse, Langusten und eine Vielzahl verschiedener Fischarten herauf. Die Frauen verkaufen die frisch gefangenen Krebse und Fische schnell an Restaurants oder auf Märkten. Der Fischfang ist harte Arbeit und bringt wenig ein, aber er ermöglicht ein regelmäßiges Einkommen und ein einfaches Leben in einer schlichten Hütte.

Größere Fische – ein Thunfisch kann bis zu drei Meter lang werden – leben weiter weg von der Küste, auf hoher See im Golf von Thailand. Die Fangflotte besteht aus modernen Hochseetrawlern, die mit riesigen Schleppnetzen große Mengen an Fisch fangen und in den Fischereihäfen anlanden, wo dieser in gekühlten Fabriken zerlegt, filetiert und in Dosen verpackt wird.

Manche Dörfer sind nur mit dem Boot erreichbar.

Da die großen Fangflotten sehr viel fangen und es immer weniger Fische gibt, lohnt sich für viele der kleinen Fischer ihre mühevolle Arbeit nicht mehr. Einige haben den Fischfang aufgegeben und stattdessen begonnen, in den Mangrovenwäldern Zuchtteiche für Krabben anzulegen. Die Krabben und Langusten gedeihen dort sehr gut und werden bis in die guten Restaurants Europas verkauft. Damit haben die Meeresfische aber keine Gelegenheit mehr, ihre Eier im geschützten Mangrovendickicht abzulegen. So gibt es noch weniger Fische. Andere ehemalige Fischer bringen mit ihren Holzbooten Besucher und Touristen auf die kleinen Inseln vor der Küste oder machen Ausflugstouren von einer Insel zur nächsten, zu den prächtigsten Korallenriffen. Denn die schönen Sandstrände in den geschützten Buchten mit ihren Kokospalmen sind ein beliebtes Reiseziel für Touristen aus aller Welt geworden: Australier, Japaner, Koreaner und Europäer kommen zur Erholung hierher. Von kleinen Bambushütten, wie die Fischer sie bewohnen, bis zu riesigen Luxushotels mit Swimmingpools gibt es alle

Arten von Unterkünften. Weil das Meer fast immer ruhig und friedlich ist, hatten viele Hotels und Restaurants direkt am Strand gebaut; von manchen Restauranttischen aus konnte man den Fuß ins türkisgrüne Meerwasser halten. Doch die Ruhe ist nicht immer verlässlich. Denn bei einem Seebeben kann eine gigantisch große Flutwelle, ein Tsunami, entstehen, der die Küste bedroht. Das war auch im Dezember 2004 der Fall, als ganze Häuser, am Ufer vertäute Boote und Palmenhaine überwälzt und hinweggespült wurden und viele Menschen von den fortgerissenen Trümmern verletzt wurden oder ertranken. Es war eine der schlimmsten Tsunamikatastrophen der Geschichte. Die Flutwelle drang mehrere tausend Kilometer vor, sogar bis nach Ost- und Südostafrika, mehr als 230.000 Menschen in acht asiatischen Ländern, vor allem in Indonesien, verloren ihr Leben.

Wer jetzt am Strand einer der Inseln sitzt, die Sonne rot über dem spiegelnden, von flachen Wellen kaum bewegten Meer untergehen sieht und das leichte Rauschen des Windes in den Kokospalmwedeln hört, kann sich eine solche Katastrophe kaum vorstellen. Doch das Meer ist unberechenbar.

Die Hauptstadt

Die vereinten Königreiche von Lanna und Siam haben immer wieder neue Hauptstädte gehabt: Sukhothai, Ayuthaya, Thonburi, die von fremden Eroberern zerstört und dann an anderer Stelle wieder aufgebaut wurden. Die jetzige Hauptstadt ist noch jung. Sie wurde erst 1785 gegründet: auf einer Schlammbank, nicht weit von der Mündung des Maenam Chao Phraya. Sie erhielt den prächtigen Namen: «Krung Thep Phra Maha Nakhon, Aman-Ratana-Kosindra, Mahindra-Ayutthaya, Maha-Dilokpop, Noparatana-Radhani, Buririon, Udom-Rajni-

Von den «Kloongs», den Wasserstraßen, aus wurde Bangkok besiedelt. Straßen kamen erst später dazu.

vet, Amon-Piman-Avatan-Satit, Sakkatuttiya-Vishnukarm-Prasit», was etwa heißt: «Die Stadt der Engel, die große Stadt, die Residenz des Smaragdbuddhas; die uneinnehmbare Stadt des Gottes Indra, die große Hauptstadt der Welt, beschenkt mit neun wertvollen Edelsteinen, die glückliche Stadt, wohlversehen mit den riesigen königlichen Palästen, die an die himmlischen Wohnungen erinnern, darinnen die wiedergeborenen Götter wohnen, die Stadt von Indra gegeben und von Vishnukarm erbaut». Damit ist sie die Stadt mit dem längsten Namen der Welt. Offensichtlich war es aber zu umständlich, immer einen solchen Bandwurm-Namen auszusprechen, und so kennt man die Stadt der Engel nur unter dem Namen des Dorfes, das vorher an ihrer Stelle auf der Schlammbank stand: *Bangkok*, das «Dorf der wilden Pflaumen».

Die Schlammbank ließ sich vom Land her nicht erreichen, nur vom Fluss aus. So waren die ersten Häuser Bangkoks Hausboote, die am

Ufer des Chao Phraya vertäut wurden. Dann befahl der König, breite Gräben, Kanäle, in den Schlamm zu graben, sodass Wasser abfloss und das Land entwässert wurde – eine gewaltige Arbeit, die Zehntausende Kriegsgefangene aus Kambodscha machen mussten. In diesen Kanälen, «Kloongs» genannt, konnten wiederum Hausboote ankern. An den Ufern der Kloongs begann man die ersten Pfahlhäuser in den Schlamm zu bauen: mit langen Baumstämmen, die tief in den Sumpf hineingetrieben wurden, bis sie festen Grund erreichten. Auf diesen Pfahlfundamenten wurde das Haus errichtet, halb noch im Wasser stehend, halb schon am Land. Der Haupteingang war immer zum Wasser hin ausgerichtet, denn dort war die «Straße», nämlich die Wasserstraße. Nur mit dem Boot konnte man Nachbarn, Verwandte oder Märkte erreichen; Straßen auf dem Land gab es nicht. Die Märkte selbst wurden auf dem Wasser abgehalten. Auf schmalen, hölzernen Paddelbooten verkauften Marktfrauen Obst, Gemüse, heiße Nudelsuppe, Stoffe, Kleidung und alles für den Haushalt Notwendige. Außer diesen Verkaufsbooten gab es schwere Lastkähne, plumpe Transportboote oder schnelle, schlanke Einsitzer; über zwanzig verschiedene Bootstypen wurden gebaut und eingesetzt.

Selbst wenn der König sich seinem Volk zeigte, tat er das in einer pompösen Prozession auf dem Wasser. Sehr schlanke, fast fünfzig Meter lange, reich vergoldete Prozessionsbarken wurden von je vierzig Ruderern vorangetrieben und trugen den König unter einem Sonnendach über den breiten Chao Phraya. Bei den großen königlichen Jubiläumsfeiern werden diese mit üppigen Schnitzereien verzierten Barken noch heute aus ihrem Museumsdock hervorgeholt und tragen den König durch Bangkok.

Sobald man große Pumpen bauen konnte, begann man das Land zwischen den Kloongs zu entwässern, bis man schließlich Straßen anlegen konnte, ohne im Sumpf zu versinken. Heute brausen Autos,

Busse und Taxen wie in fast allen Hauptstädten der Welt laut dröhnend und stinkend über breite Boulevards und durch schmale Gassen – und bleiben oft im Stau stecken. Noch immer fahren Schiffe als Linienbusse und Taxen regelmäßig durch die Kloongs und über den Chao Phraya – heute eine angenehme Art, Bangkok kennenzulernen.

Bangkok ist riesig. Niemand weiß genau, wie viele Menschen hier leben: 10 oder 12 Millionen. Das sind mehr als in Berlin, Hamburg, München und Wien zusammengenommen. Hat man die 318 Stufen des «Goldenen Berges» erklommen, des vergoldeten Chedi des Tempels Wat Saket, so schaut man nach allen Richtungen hin bis zum Horizont. Nirgendwo ist ein Ende der Stadt zu sehen. Wie kommt es, dass so viele Menschen – und täglich kommen neue hinzu – hier leben? Nun, es gibt viel Arbeit in Bangkok. Überall wird gebaut und erneuert. Im Hafen mit seinem direkten Zugang zum Weltmeer landen Schiffe aus aller Welt. Bangkoks Hafen liegt zentral für den weltweiten Handel zwischen Japan, Südasien, Europa oder Amerika. Hier können leicht und günstig große Ladungen an Stahl, Kunststoffen oder Glas angeliefert werden. Große Industrieanlagen wurden in der Nähe gegründet. Die notwendigen Rohmaterialien kommen per Schiff; die fertigen Produkte werden per Schiff in alle Welt verfrachtet. Alle großen Automobilhersteller bauen heute in Thailand Autos, die nicht nur im Land selbst verkauft, sondern nach ganz Südasien, nach Indien, Malaysia, Indonesien und die Philippinen, verschifft werden. Die bekanntesten Sportartikelhersteller haben ihre Hauptfabriken in Thailand. Sportkleidung und die weltbesten Sportschuhe werden hier von Thailänderinnen in sorgfältiger Arbeit genäht und in Japan, Amerika und Europa teuer verkauft. Die Näherinnen, die oft bis in die Nacht hinein arbeiten und kaum Ferien haben, können mit ihrem Lohn kaum ihre Familien ernähren. Sie würden sofort eine besser bezahlte Arbeit annehmen, aber die gibt es nicht.

Eine Straßenverkäuferin aus Bangkok erzählt

Bis ich sechzehn Jahre alt war, habe ich auf den Feldern meiner Eltern in Isarn mitgearbeitet: junge Reispflanzen mit den Fingern in den weichen Schlamm gedrückt, später den Reis mit der Sichel geerntet. Mit sechzehn wurde ich an einen Mann verheiratet, den ich vorher nicht einmal gesehen hatte. Seine Eltern kamen eines Abends zu meinen Eltern und warben um mich. Ich sagte kein Wort, weder Ja noch Nein. Nach der Hochzeit zog er bei uns ein und arbeitete mit auf unserem Land. Nach der Geburt unseres Sohnes verließ er mich. Anfangs schrieb er Briefe, später nicht mehr. Die Leute sagten, er sei Soldat in Bangkok.

Ich harrte aus, pflügte die Reisfelder mit unseren Wasserbüffeln und schwieg. Der Junge wuchs zu einem jungen Mann heran, der mir mehr und mehr die schweren Arbeiten abnahm. Ich war die «verlassene Frau»; jeder im Dorf sah in mir nur die Alleingelassene und nannte mich auch so. Das hielt ich irgendwann nicht länger aus. Ich sagte zu meinem Sohn: «Ich muss gehen und deinen Vater suchen. Bleib hier und sorge für deine Großeltern!»

Mit einer Papiertüte, in die gerade ein Sarong und eine Bluse passten, kam ich in Bangkok an und war in dem Gewirr der Straßen schnell verloren, war hungrig und verzweifelt. Auf einer Hochhausbaustelle fand ich eine Arbeit und schleppte Betonplatten von morgens bis abends. Wenn man in den Reisfeldern gearbeitet hat, schwere Reissäcke oder Feuerholz oder Wasserkübel geschleppt hat, jammert man nicht. Nach einem Jahr fand ich eine neue Arbeit in einer kleinen chinesischen Nudelküche. Ich hockte auf dem Boden und wusch stundenlang Geschirr ab oder ich bediente die Kunden. Ich redete fast überhaupt nicht, denn ich konnte noch kein Thai sprechen und wollte nicht, dass man mich an dem «Lao», der Sprache meiner Heimat Isarn, erkennt.

Wenn der chinesische Besitzer um Mitternacht seinen Laden schloss und das metallene Rolltor herunterließ, fegte ich den Fußboden und wischte die Tische ab. Dann rückte ich einige Tische und Stühle auf die Seite, um genügend Platz zu haben, wo ich mich auf den Fußboden legen konnte. Nachts krabbelten Kakerlaken über mich, und Ratten wuselten zwischen Tischen und Stühlen umher.

Ich lernte einen Taxifahrer kennen, der regelmäßig in der Nudelküche aß. Er stammte wie ich aus Isarn und war eigentlich als Mönch nach Bangkok gekommen. Eines Tages fragte er mich, ob ich nach Isarn, in mein Heimatdorf Ubol, fahren wolle. «Natürlich will ich. Ich war seit Jahren nicht dort.» – «Ich kann dich fahren», sagte er und deutete auf seinen uralten Toyota. «Auch ich möchte wieder einmal meine Heimat sehen.» – «Aber ich habe nicht genug Geld», wandte ich ein. «Wie viel hast du?» – «800 Baht (etwa 20 Euro).» – «Für dich kostet es nur 500 Baht.»

In der Nacht konnte ich vor Aufregung nicht schlafen. Am nächsten Morgen um fünf Uhr, während der Chinese und seine Frau auf dem Markt einkauften, verließ ich mit angstvoll klopfendem Herzen die Nudelküche, ohne mich zu verabschieden. An der nächsten Ecke wartete der Taxifahrer mit seinem klapprigen Auto. Wir fuhren den ganzen Tag, manchmal in heftigstem Regen, sodass wir nichts mehr sehen konnten und anhalten mussten. Doch als wir die Bergkette zum Isarn-Plateau erreicht hatten, hörte der Regen auf, die weite Fläche lag trocken und ausgedörrt vor uns; Staub wirbelte von den brachliegenden Feldern und der holprigen Landstraße auf. Erst im Dunkeln erreichten wir Ubol. Kinder liefen herbei. Ich begrüßte ehrfurchtsvoll meine Eltern, meinen Sohn und seine junge Frau. Alle waren glücklich. Doch bald schon bemerkte ich, dass dies nicht mehr mein Haus, sondern das meines Sohnes und seiner Frau geworden war, dass die kleinen Felder nicht ausreichen würden, mich mitzuernähren, dass es früher oder später Streit geben würde, wenn ich hierbliebe.

Schon am übernächsten Morgen bat ich den Taxifahrer, mich zurückzufahren. Er war enttäuscht, fast wütend, hatte er doch gehofft, dass er mich in meine Heimat fahren würde, wo ich glücklich wäre. Für mich aber gab es keine Möglichkeit, in Ubol zu bleiben. Ich sah keine andere Chance, als wieder bei dem Chinesen Nudelsuppe zu verkaufen und abzuwaschen. Auf dem Rückweg nach

Bangkok kam mir dann die Idee, ich könnte selber Essen kochen und von einem Karren verkaufen!

In Bangkok arbeitete ich ein weiteres Jahr in der Nudelküche, bis ich genügend Geld für einen rollbaren Stand, einen steinernen Mörser, Teller, Schüsseln, einen Holzkohleofen und zwei Wassereimer gespart hatte.

Jeden Morgen kaufe ich seither Hühnchenstücke, Papayas, Tomaten und Limonen auf dem Markt, spanne dann meinen Sonnenschirm auf, stelle einen Tisch und vier Stühle auf den Bürgersteig und verkaufe gegrilltes Hühnchenfleisch, Nudelsuppe und Klebreis. Der Taxifahrer hilft mir. Er hat eine kleine Hütte in einem Slum für mich gefunden und für die ersten drei Monate die Miete bezahlt. Spät in der Nacht lädt er meine Stühle und den Tisch in sein Taxi und fährt mich nach Hause.

Die Luft in den Straßen Bangkoks ist schlecht: Fabrikschornsteine, Autos, Lastwagen und Mopeds verpesten sie. Der Lärm ist ohrenbetäubend. Und doch bin ich glücklich, wenn ich am Abend 80 bis 100 Baht (etwa 2 bis 3 Euro) eingenommen habe.

Mit dem Taxifahrer habe ich inzwischen zwei kleine Kinder. Erst hatte ich Angst, meine Unabhängigkeit aufzugeben. Aber als ich zu ihm und seiner Familie in seine kleine Wohnung zog, sagte er: «Du bist in Isarn geboren. Du bist Isarn, mein Isarn. Wenn du bei mir bleibst, bitte ich dich nur um eines: so zu bleiben.»

Frei übertragen nach: Pira Sudham: *People of Esarn*, Bangkok 1991

Nicht weit entfernt von Bangkok liegt das Hochland von Isarn. Weil es dort sehr wenig regnet, oft Trockenheiten auftreten und noch dazu der Boden sehr mager ist, ernten die Bauern nicht viel Reis und sind sehr arm. Viele junge Leute verlassen Isarn und gehen nach Bangkok auf der Suche nach irgendeiner bezahlten Arbeit. Meist bleiben sie dort und kehren nicht mehr zu ihren Familien zurück.

So ist die Hauptstadt von vielen Zuwanderern in der kurzen Zeit seit ihrer Gründung sehr schnell gewachsen – zu schnell, um dieses Wachstum gut durchdacht zu ordnen. Gibt es in europäischen Städten Altstadt- und geplante Neustadtviertel, getrennte Industrie- und Wohnflächen, so ist in Bangkok alles durcheinandergewuchert. Modernste Glasfassaden-Hochhäuser mit luxuriösesten internationalen Boutiquen stehen neben verwitternden Holzhäusern an Kloongs, wo das Hochwasser regelmäßig den einzigen Wohnraum überschwemmt. Herrliche Tempelanlagen stehen neben tristen Betonwohnblocks und laut hämmernden Werkstätten. Häuschen, wo den Geistern des Ortes wohlriechende Räucherstäbchen und Blumen geopfert werden, stehen an abgasstinkenden, lärmenden Straßenkreuzungen.

Nur wenige Parks bringen etwas Grün und frische Luft in die hitzegeplagte Stadt. Morgens vor der Arbeit treffen sich dort die Angestellten und üben zu Lautsprechermusik Tai-Chi – Spannungs- und Entspannungsübungen, die Kraft für den Tag geben. Abends erholen sich die Männer oft beim Thai-Kickboxen – eine der ganz wenigen aggressiven Sportarten der sonst so friedliebenden Thai. Auch aggressiv und sehr aufregend sind die Hahnenkämpfe, die aber – anders als auf den Philippinen – unblutig verlaufen, da den Hähnen keine Messer an die Sporen gebunden werden. Eine andere Wettkampfart ist die zwischen den farbenprächtigen Schleierfischen – fingerlangen Fischen, deren tapferer Revierkampf die roten oder blauen Flossen wie wallende Schleier um sie herum wehen lässt. Am friedlichsten sind die Gesangswettbewerbe der Sperbertauben. Vor Sonnenaufgang in prächtigen Käfigen auf hohen Stangen aufgestellt, flöten sie stundenlang leise glucksend-gurrend: «wow-tuk-tuk-tuk-tuk-tuk-koong». Preisrichter laufen unter den Käfigen umher, machen sich Notizen und prämieren das melodischste und wohltönendste Flöten.

Größtes Heiligtum Thailands ist der Tempel Wat Phra Kaeo in Bangkok. In seinem Innersten befindet sich die heiligste Buddha-Figur,

Der goldene Chedi des Wat Phra Khaeo in Bangkok.

die vor über fünfhundert Jahren unter einer Schicht Mörtel entdeckt wurde. Niemand weiß, wie alt sie ist und woher sie kommt. Bei ihrer Entdeckung hielt man die reine, dunkelgrüne, kostbarste Jade, aus der sie geschnitten ist, für Smaragd. Deswegen heißt der Buddha auch Smaragd-Buddha und gab der Hauptstadt einen Teil ihres aufwändigen Namens. Dreimal im Jahr, jeweils zum Wechsel der Jahreszeiten, besteigt der König das elf Meter hohe Podest und wechselt selbst ihr goldenes Gewand. Zum buddhistischen Neujahr Songkran übergießt er persönlich den kostbaren Jade-Buddha mit Wasser. Denn Buddha, das Leben spendende Wasser und die Fruchtbarkeit allen Tuns gehören in Thailand zusammen.

2. Kambodscha

Die großen Flüsse des südlichen Asiens – Ganges, Brahmaputra, Mekong, Irawaddy, Roter Fluss, Yangtse-kiang und Huang Ho (Gelber Fluss) – durchfließen so weit voneinander entfernte Länder wie Pakistan, Indien, Burma, Kambodscha, Vietnam und China. Und doch entspringen sie alle in einem gemeinsamen Quellgebiet: dem Hochland von Tibet. Dieses Hochland wird von den höchsten Gebirgen der Welt eingerahmt: dem Himalaya mit dem Mount Everest (8844 m), dem Karakorum mit dem zweithöchsten Berg der Welt, dem K2 (= Mt. Godwin Austen, 8610 m) und dem Kunlun Shan (bis 7625 m). Das Hochland selber liegt zwischen 4500 und 5000 Meter Höhe, so hoch wie der Gipfel des höchsten europäischen Berges. Es erstreckt sich über zwei Millionen Quadratkilometer, also eine Fläche so groß wie Deutschland, Frankreich, Polen, Großbritannien, die Schweiz und Italien zusammengenommen; es ist damit das größte und höchstgelegene Gebirgsplateau der Welt. Schneestürme lassen im Winter das ganze Hochland unter einer dicken Schneedecke verschwinden und speisen große Gletscher, die im Sommer etwas abschmelzen, im nächsten Winter aber wieder nachwachsen.

Die Schmelzwasser des Schnees und der Gletscher sowie die sturzbachartigen Monsunregen lassen den Wasserstand der Flüsse sprunghaft ansteigen und machen aus breiten, behäbig fließenden Flüssen plötzlich gefährliche, reißende Ströme: Das Wasser des vietnamesischen Roten Flusses steigt dann an einem Tag um zwei Meter an, insgesamt um zehn oder sogar elf Meter. Große Deiche, an denen beständig gebaut wird, sind nötig, um Hochwasserkatastrophen für Vietnam und die Hauptstadt Hanoi zu verhindern.

Ähnlich sieht es an den anderen großen Flüssen Südasiens aus. Nur der Mekong, der von Tibet kommend durch die engen Täler Südchinas und durch Laos fließt, dann die Grenzen von Burma, Thailand und Laos bildet, Kambodscha durchquert und schließlich in einem riesigen Delta in Vietnam mündet, macht die große Ausnahme. Auch in den Mekong stürzen die tibetischen Schmelzwasser und Regenfälle – und dennoch fließt er breit und gemächlich, und der Wasserspiegel steigt nur wenige Zentimeter am Tag. Warum? Entspringt er doch im selben Gebiet wie die anderen Flüsse, ganz nahe der Quellen von Yangtsekiang und Huang-Ho. Wohin verschwinden die gewaltigen Wassermassen? Die Lösung des Rätsels ist der Tonle Sap.

Tonle Sap

Der Tonle Sap heißt auf Deutsch «großer See». Er ist ein riesiger See im Westen Kambodschas, aus dem der kleine, flache, gleichnamige Fluss Tonle Sap fließt und 140 Kilometer weiter abwärts in den Mekong mündet. Wenn nun der Mekong im Juni anschwillt und sein Wasserstand ansteigt, staut er mit seinem Wasser das Wasser des einmündenden Tonle Sap-Flusses auf, dieser kann nicht mehr abfließen. Ja, das Mekongwasser strömt sogar gegen die Flussrichtung des Tonle Sap, der Tonle Sap-Fluss muss umkehren und mit dem Mekongwasser zusammen rückwärts bis hinauf zum Tonle Sap-See fließen. Der See tritt dadurch über seine flachen Ufer, überschwemmt Wiesen und Wälder und wird nun fünfmal so groß wie in der Trockenzeit. Erst fünf Monate später, im November, fällt der Wasserspiegel des Mekong wieder so weit ab, dass der Tonle Sap-Fluss abfließt und der See sich langsam wieder entleert. Der Tonle Sap ist also ein gigantischer natürlicher Speichersee, der die Wassermassen des Mekong auffängt und langsam wieder abgibt, sodass sie keinen Schaden anrichten.

Der Mekong hat wegen der großen Mengen abgespülter Erde eine gelbe und lehmige Farbe. Das sieht nicht sauber aus, ist aber gar nicht von Fabriken verschmutzt oder vergiftet. Auch stören den Mekonglauf keine künstlichen Sperren oder Stauwerke. Viele Fischarten leben hier und fühlen sich wohl: Der Mekong ist einer der fischreichsten Flüsse der Erde. Selbst große Seltenheiten wie die über drei Meter große Riesenbarbe, den ebenso großen Riesenwels oder den vier mal zwei Meter großen Riesenrochen gibt es noch vereinzelt. Sogar Flussdelfine kann man mit viel Glück entdecken: Sie haben nur winzige Augen, denn sie könnten in dem trüben Wasser ohnehin nichts sehen, dafür aber ein besonders empfindliches Ultraschall-Echolotorgan, mit dem sie sich auch im Trüben gegenseitig erkennen und Fischschwärme oder Felsen im Fluss bemerken.

Riesige Fischschwärme folgen im Juni dem Wasser des umgeleiteten Mekong in die überschwemmten Wiesen und Wälder rund um den Tonle Sap und in die Tümpel und Seen der Seitenarme. Hier legen sie ihren Laich ab, und die ausgeschlüpften jungen Fische wachsen dort heran. Um die Jungfische zu schonen, ist das Fischen von Juni bis Oktober verboten. Doch Ende Oktober sind sie alt genug: Jetzt fließt das Wasser des Tonle Sap wieder zurück zum Mekong. Und am siebten Tag nach dem nächsten Neumond – allerdings nur, wenn das Wetter klar ist und der Mond zu sehen ist – beginnen alle Fische mit der Rückwanderung in den Mekong. Alle brechen gleichzeitig auf, so viele, dass – wie früher ein Reisender berichtete – manchmal die Ruder des Ruderbootes nicht richtig in das fischwimmelnde Wasser eintauchen konnten. Mit einem großen Fest, dem Mondfest, zu dem Bootsrennen mit bunt bemalten Ruderbooten und ein Feuerwerk gehören, feiern die Fischer den Beginn der Fischwanderung und der Fischfangzeit.

Mit den verschiedensten Methoden werden die Fische gefangen.

Schon lange vorher haben sie aus Holz oder Bambusstäben kilometerlange Zäune in Form von gigantischen Pfeilen in die Wanderrichtung der Fische ins flache Wasser gesteckt. An ihrem Ende, der «Pfeilspitze», öffnet sich ein fünfundzwanzig Meter langer Kescher, der in einer zigarrenförmig-langgestreckten, geflochtenen Reuse endet. Durch diese Reuse, die immer noch viele Meter lang und im Durchmesser so hoch wie ein aufrecht stehender Mann ist, fließt das Wasser hindurch, die Fische aber werden gefangen. Alle fünf Minuten holen vier schweißnasse Fischer einen Kescher mit zwei Zentnern silberglänzender, zappelnder Fische – Trey Riel – heraus und kippen sie in große, geflochtene Bambuskörbe. Daneben hocken Frauen auf dem nassen Boden und nehmen die handspannengroßen Fische gleich aus. Dieser unermessliche Fischsegen dauert nur wenige Tage an, nämlich bis zum nächsten Vollmond.

Wie kann man diesen Reichtum so zubereiten, dass er in dem tropisch heißen Klima und ohne Kühltruhe nicht verfault, sondern auch nach vielen Monaten noch schmeckt?

Reis und Fisch

Die Antwort heißt: «Prahoc». Prahoc ist eine würzige Fischpaste, die man gleich am Ufer des Tonle Sap herstellt: Der sauber geputzte, ausgenommene und gesalzene Trey Riel wird mehrere Tage lang in großen Tonkrügen vergoren und anschließend über viele Stunden mit scharfen Gewürzen gekocht. Zusammen mit Reis gibt Prahoc dem menschlichen Körper fast alles, was er braucht. Die Reisbauern kommen zur Fischfangzeit, das ist auch das Ende der Reiserntezeit, an den Tonle Sap gefahren – manchmal noch mit den alten, zweirädrigen Ochsenkarren –, um einen Teil ihrer Reisernte gegen Prahoc einzutauschen. Reis und Fischpaste gehören zu jedem kambodschanischen Essen dazu, egal ob Frühstück, Mittag- oder Abendessen. Ohne Prahoc könnten sich die Bewohner Kambodschas nicht ernähren. Schon gar nicht hätten sie die gewaltigen, prachtvollen Tempelanlagen Angkors bauen können, von denen noch die Rede sein wird. Es gibt über zweihundert verschiedene Fischarten im Tonle Sap, aber der silberglänzende Trey Riel mit den durchscheinend-roten Flossen ist der häufigste. Er ist der Reichtum des Landes; die kambodschanische Landeswährung wurde daher nach ihm benannt: Riel. Natürlich darf man nicht zu viel von ihm fangen, denn dann würde der Trey Riel sich nicht mehr genügend vermehren, der Reichtum würde schwinden!

Ein Boot als Nudelküche auf dem Tonle Sap.

Reisbauern aus dem ganzen Land kommen an den Tonle Sap, nicht nur, um Reis zu tauschen, sondern auch, um selber Fische zu fangen: Sie spannen Netze zwischen den überfluteten Baumkronen aus und holen sie mehrmals am Tag wieder ein. Die Berufsfischer hingegen – oft sind es eingewanderte Vietnamesen – wohnen direkt am See in Häusern aus Bambus, die mit Schilf gedeckt sind und auf Stelzen stehen. Zwei Stockwerke sind sie hoch, damit das Hochwasser sie nicht erreicht.

Andere Fischer leben in schwimmenden Häusern, ja sogar in schwimmenden Dörfern: Die Häuser sind auf Boote oder auch nur dicke, schwimmende Bambusbündel gebaut. Kähne mit Außenbordmotoren, «Sampans», schleppen die Hausboote zu den Fanggründen der Fische. Ihren ganzen kleinen Haushalt bringen die Fischer mit, dazu einen großen Vorrat an Feuerholz, denn sonst müssten sie den Fisch roh essen – zu groß ist der See, als dass man täglich am Ufer

Gehandelt und gekauft wird von Boot zu Boot.

Brennholz holen könnte. Oft sind es nur kleine, schilfgedeckte Hütten mit offenen Fensterluken, durch die ein frischer Wind, aber auch die Moskitos hereinwehen. Meist gibt es nur einen Raum sowie eine schmale Veranda, auf der Netze, Körbe und Leinen gestapelt liegen. Beim Kochen auf dem offenen Feuer muss man besonders gut aufpassen, damit der Bambusfußboden oder die Schilfwände der Hütte nicht sofort Feuer fangen.

Selbst der Tempel und das Schulhaus schwimmen auf dem See. Kleine Kinder werden von den Eltern zur Schule gebracht; größere paddeln selbst ein schmales, lang gestrecktes Holzboot. Wer kein eigenes Boot hat und einen Freund besuchen möchte, setzt sich auch manchmal in eine große Plastikschüssel und nimmt ein Stück Holz als Paddel. Nur vor den giftigen Wasserschlangen und vor Krokodilen muss man sich hüten. Das Seewasser ist, wie der Mekong, von der abgeschwemmten Erde gelb und trübe, es ist aber nicht von Industrie verdreckt oder vergiftet. Der See vor der Hausbootstür ist gleichzeitig das Badezimmer, in dem man sich mitsamt seiner angezogenen Kleidung wäscht; er ist Schwimmbad, Kanalisation, Geschäftsstraße und Marktplatz des Dorfes zugleich, wo von hölzernen Booten Obst, Gemüse oder Reissuppe verkauft werden.

Trockenzeit

Ist die Fangsaison beendet, werden die schwimmenden Dörfer zurück ans Ufer geschleppt, wo sie ankern und mit fallendem Wasserstand schließlich auf dem Trockenen zu liegen kommen. Das langsam trockenfallende, von Schlamm bedeckte und gedüngte Land ist dann wieder Wald oder Buschwerk – oder es wird zu Feldern, auf denen Reis angebaut werden kann. In den zurückbleibenden Tümpeln und Pfützen bleiben Fische gefangen, die den Abfluss nicht mehr rechtzeitig erreicht haben. Nun werden sie von Kindern und Erwachsenen mit der Hand oder mit einfachen Fangkörben eingesammelt, werden also auf den Feldern «geerntet».

Schon bald darauf, im November und Dezember, stehen die Reisfelder goldgelb und reif da. In Kambodscha erntet man den Reis noch mit Sicheln, ungewöhnlich eleganten Werkzeugen, deren geschnitzte Holzgriffe Naga darstellen, die heilige Kobra. Naga soll verhindern, dass die in jeder einzelnen Reisähre wohnende Seele des Reises beim Ernten erschreckt wird. Schon früh morgens beginnt die Ernte, dann sind die Pflanzen noch feucht vom Tau, und die Stiele der Reiskörner

Am Abend erfrischen sich die Wasserbüffel im kühlen Flusswasser.

brechen nicht so leicht ab, auch wenn der Schnitter einmal etwas kräftiger zufasst. Später in der Mittagshitze wird der Stängel trocken und zu brüchig. Die zusammengebundenen Reisgarben werden nach Hause getragen und dort gedroschen. Frisch geernteter Reis duftet angenehm und schmeckt besonders gut. Er wird mit Bananen, Kokosraspeln und Kokosmilch zu einer knusprigen Köstlichkeit gebacken, deren Duft jetzt aus den Bauernhäusern aufsteigt. Die Erntezeit ist eine freudige Zeit!

Danach liegen die Felder kahl und ausgedörrt da, der Boden ist hart wie Beton und so ausgetrocknet, dass er Risse bekommen hat. Nur die Wasserbüffel finden dort noch immer etwas zu fressen: trockenes Reisstroh. Es ist die Aufgabe der Jungen, die Büffel zu hüten. Sie kennen jeden einzelnen ganz genau mit seinem Namen, seinem Charakter und seinen

Angewohnheiten, sorgen dafür, dass sich keiner am Dorngesträuch verletzt, und führen sie abends an flache und sichere Stellen des Flusses. Dort tunken sie die Büffel tief ins kühle Wasser und schrubben und bürsten sie kräftig ab. Auch die Jungen selbst planschen im Wasser und haben viel Spaß dabei. Anschließend versorgen sie die Wunden und entzünden ein rauchendes Feuer, das die Moskitos vertreibt.

Erst nach der Trockenzeit, wenn im Mai oder Juni die ersten Regen fallen und den harten, rissigen Boden aufweichen, haben die Wasserbüffel ihre wichtigste Zeit: Dann spannt sie der Bauer vor den hölzernen Pflug mit der stählernen Pflugschar und pflügt mit ihnen zweimal den Boden der Reisfelder: einmal, um das Unkraut zu entfernen, und einmal, um die Erde für das Auspflanzen zu glätten. Wer keine Wasserbüffel hat, leiht sich ein Gespann beim Nachbarn. Als Ausgleich hilft er diesem beim Herausziehen und Einpflanzen der jungen Reispflanzen. «Prawas Day», übersetzt «abwechselnd die Hände leihen», heißt diese Art der Nachbarschaftshilfe ohne Geld.

Nun müssen die Reisfelder bewässert werden. Wo es noch keine Motorpumpen gibt, verwendet man noch immer die alten eisernen Schöpfräder, die vom Fluss angetrieben werden. Ihre blechernen Schöpfbecken entleeren sich auf dem höchsten Punkt der Drehung, und das Wasser fließt in Kanälen auf die Felder.

Armut

In Kambodscha wird wie in Thailand viel Reis angebaut, denn die Temperaturen, der Regen und die Böden sind sehr ähnlich wie dort. Auch gehörten manche Teile von Kambodscha früher zu Thailand und umgekehrt. Aber in Kambodscha ist vieles sehr viel einfacher: Es gibt Wasserbüffel statt Traktoren, Schöpfräder statt Motorpumpen, die Häuser sind oft nur aus Palmblättern geflochten und mit Stroh gedeckt. Wer in Thailand ein Schwein zum Schlachter bringen will, fährt es mit einem großen Lieferwagen dorthin. In Kambodscha dagegen bindet der Bauer das lebende und laut quiekende Schwein mit den Beinen nach oben und dem Rücken nach unten quer auf die Sitzbank seines Mopeds und fährt los. Drei ausgewachsene Schweine haben so hinter ihm Platz.

Viele Kambodschaner sind sehr arm, so arm, dass sie nicht immer genug zu essen haben. Das war nicht immer so: Im Mittelalter bauten die Kambodschaner die größten Tempel, die es auf der Welt jemals gegeben hat und bis heute gibt; viele sagen, dass es auch die schönsten waren.

Angkor – die weltgrößten Tempelanlagen

Im 9. Jahrhundert (zu der Zeit, als in Europa Karl der Große regierte) gründete auf einem Bergplateau Nordkambodschas der gerade gekrönte König Jayavarman II. (sprich: Dschajawárman) einen heiligen Tempelbezirk. Aus dem dunklen Felsen ließ er Tausende Fruchtbarkeitssymbole und Darstellungen Vishnus schlagen. Vishnu, Brahma und Shiva sind die höchsten hinduistischen Götter. Vishnu ist schlafend dargestellt, wie er gerade auf dem Rücken von Naga über den kosmischen Ozean gleitet und dabei träumend die Welt und den Ozean des Bewusstseins erschafft. Über diese heiligen Felsenbilder floss – und fließt noch heute – plätschernd das frische Wasser der klaren Gebirgsbäche. Dadurch, dass das reine Wasser die heiligen Darstellungen umspült, wird es selber heilig. Weiter unterhalb, in den trockeneren Ebenen Kambodschas, leitete Jayavarman II. dieses geheiligte Wasser auf

Zwei Reihen steinerner Wächter bewachen den Zugang zum Eingangstor der Tempelanlage Angkor Thom.

die Reisfelder. Zusätzlich baute er niedrige Dämme, die das kostbare Nass der Regenzeiten in großen, flachen Becken speicherten und für die langen, dürren Trockenzeiten aufbewahrten. Seerosen und heiliger Lotus bedeckten die Wasseroberfläche in diesen riesigen Staubecken. Das größte war acht Kilometer lang und über zwei Kilometer breit – ein See, so groß, dass er kaum zu überblicken ist. In die Mitte solcher Becken baute Jayavarman II. jeweils eine Insel mit einem Tempel aus dem grauen oder rötlichen Sandstein der Berge. Die Tempeltürme, die wie übergroß anschwellende Knospen einer Riesenblüte herausragen, spiegeln sich in dem heiligen Wasser. Sie sind ein Abbild des heiligen Berges Meru, auf dem nach hinduistischem Glauben alle Götter wohnen. Die Bewässerungsbecken hingegen sind ein Abbild des Urmeeres, das den Berg Meru umströmt. Nach dem Tode Jayavarmans II. baute

König Jayavarman VII. baute als erster König Straßen und Krankenhäuser.

der nächste König weitere Tempel und weitere Bewässerungsbecken. Sein Sohn verlegte die Hauptstadt einige Kilometer weiter weg nach Angkor. Hier bauten er und seine Nachfolger – insgesamt dreißig Könige – immer größere und schönere Tempel und Bewässerungsanlagen, in denen sie der Götter gedachten und mit denen sie für ihr Volk den Reisanbau ermöglichten.

Der größte Tempel, Angkor Wat, ist von einem breiten Wasserbecken und einer Einfassungsmauer in Form eines Rechteckes umfriedet, die insgesamt 3600 Meter lang ist. Der als Quadrat angelegte Tempel selbst mit seinen fünf großen Knospentürmen hat eine Seitenlänge von über 300 Metern. Die heiligen Götterstatuen dieser Zeit sind verloren gegangen oder zerstört worden. Nur an den Wänden blieben schier endlos lange Reliefs erhalten: mehrere hundert Meter lange Steinreliefs, die die Schöpfung der Welt und die Kämpfe der kambodschanischen Könige darstellen, dazu über 1600 verschiedene Göttinnen und Tänzerinnen des Himmels. Angkor Wat ist noch heute der größte Tempel der Welt.

Einer der Könige, Jayavarman VII., der im 12. und 13. Jahrhundert herrschte, hatte von Buddha und seinem Weg gehört. Er ließ sich von buddhistischen Mönchen beraten und wurde schließlich selber Buddhist. Er ließ Hunderte von kleinen und großen Tempeln bauen. Der berühmteste, Bayon, trägt auf jedem seiner vierundfünfzig steinernen Türme das Gesicht Buddhas – nicht nur einmal, sondern viermal, in jede Himmelsrichtung schauend. Vierundfünfzig mal vier: zweihundertsechzehnmal schaut das Gesicht Buddhas in Stein gemeißelt von dem hohen Tempel herab, jedes so groß wie ein ganzer Mensch. Außerdem ließ Jayavarman VII. Straßen durch ganz Kambodscha bauen, die es ihm ermöglichten, jeden Landesteil schnell zu erreichen und dadurch wirkungsvoll zu regieren. Über hundert von ihm errichtete Krankenhäuser sorgten unter dem Schutz des heilenden Buddha für Gesundheit im Lande. Niemand musste hungern. Kambodscha war zu dieser Zeit eines der bedeutendsten Weltreiche!

Khmer, Vietnamesen und Chinesen

Chinesische Seeleute und Händler, die zur Blütezeit Angkors nach Kambodscha kamen, hielten sich dort gerne auf. Sie fanden es sehr angenehm, in einem Land ohne Winter und Frost zu leben; sie bemerkten, wie leicht es war, Reis und Früchte anzubauen und sich ein Holzhaus zu bauen, und sie fanden die Menschen sehr freundlich. So blieben viele Chinesen in Kambodscha; die meisten trieben Handel. Viele der erfolgreichen Händler Kambodschas sind auch heute noch Chinesen.

Aus dem benachbarten Vietnam flüchteten vietnamesische Fischer an den Tonle Sap, sodass viele heutige Fischer Vietnamesen sind. Die meisten Kambodschaner gehören jedoch zu den Khmer; sie sprechen eine Sprache, die ebenfalls Khmer heißt. Für westliche Augen sind Khmer und Vietnamesen kaum zu unterscheiden: Sie sind meist kleiner als Europäer, etwa 1,65 Meter groß, zierlich gebaut, haben schwarze, glatte Haare und dunkelbraune, mandelförmige Augen. Untereinander wissen Khmer und Vietnamesen sich aber sehr leicht zu unterscheiden: Vietnamesen tragen gerne bunte, farblich auffällige Kleidung, Khmer meist dunkelblaue oder schwarze; Vietnamesen tragen Strohhüte, die wie ein breiter, flacher Kegel geflochten sind, Khmer tragen zum Schutz vor der starken Sonne eine «Krama», das traditionelle, oft rot-weiß oder blau-weiß karierte Baumwolltuch, mindestens einen Meter lang, das sie mehrfach um Kopf und Hals wickeln, das aber auch als Schärpe, Gürtel oder Tragetuch für Kleinkinder oder Einkäufe dient.

Zu Hause tragen Khmer – Männer wie Frauen – gerne den bequemen Sarong, im Büro hingegen dezente westliche Hemden und Hosen oder Blusen und Röcke. Anstelle von Hosen oder Röcken war der «Kben» früher ein weit verbreitetes Kleidungsstück für Männer und Frauen: ein großes Stück Tuch, das erst um die Hüften geschlungen wird, dann wird das eine Ende vorne am Gürtel fixiert und das andere Ende zwischen den Beinen hindurchgezogen und hinten am Gürtel befestigt. Bei besonders hohen Festlichkeiten kann man noch heute Kben sehen. Sie sind leuchtend einfarbig gefärbt mit feinen Querstreifen in kontrastierenden Farben. Wer am Königshof in einem Kben erscheint, muss wissen, an welchem Tag dort welche Farbe getragen wird. In einem alten Gedicht heißt es:

Sonntag mag hell- oder dunkelrot,
Montag orange,
Dienstag lila,
Mittwoch schilfgrün schillernd, die Schönheit,
Donnerstag hellgrün wie ein junges Bananenblatt,
Blau braucht man für den Freitag,
Dunkelblau hebe auf für den segensreichen Samstag.

Während der Schreckensherrschaft der «Roten Khmer» zerstörten diese die alten Traditionen, und alle Kambodschaner durften nur noch schwarze Kleidung tragen.

Dort, wo Vietnamesen in Kambodscha ein eigenes Dorf gegründet haben, erkennt man es leicht: Eine dichte Bambushecke umgibt die eng zusammengerückten Hütten. In der Mitte steht der «Dink», ein nach alten Traditionen errichtetes Gebäude, das gleichzeitig Rathaus, Gemeindezentrum und Tempel der Schutzgottheit des Dorfes ist. Hier werden alle wichtigen Entscheidungen der Dorfgemeinschaft gemeinsam getroffen, und jeder muss sich daran halten.

Ein Khmerdorf ist hingegen gar kein geschlossenes Dorf: Die Hütten stehen locker und mit großem Abstand voneinander zerstreut, mit Büschen und Bäumen dazwischen, oft entlang einer Straße oder einem Flussufer. Ein Dorfzentrum gibt es hier nicht. Khmerfamilien leben gerne für sich mit etwas Abstand vom nächsten Nachbarn. Wenn eine Familie Hilfe braucht, weil sie ein neues Haus baut oder umzieht, dann helfen ihr die anderen. Auch einen Bewässerungskanal für das Dorf graben mehrere Familien gemeinsam – aber immer nur freiwillig und nicht, weil es jemand bestimmt hätte.

Die neue Hauptstadt – Phnom Penh

Im 15. Jahrhundert, zweihundert Jahre nach dem Tod Jayavarmans VII., verlegte der damalige König die Hauptstadt von Angkor 250 Kilometer weiter nach Südosten in die Nähe der Mündung des Mekong, dorthin, wo der Tonle Sap-Fluss in den Mekong mündet, und nannte sie Phnom Penh. Hier, unweit vom Meer, konnten Schiffe aus Malaysia, Vietnam und China bis in den Hafen der Hauptstadt segeln und Gold, Silber, Edelsteine, Seiden- und Baumwollgewänder und Elfenbein einladen. Händler aus China, Japan, Indonesien, Arabien, Spanien und Portugal kauften und verkauften hier. Kambodscha war ein reiches Land.

Doch in der darauffolgenden Zeit war Kambodscha zu schwach, um sich gegen Angriffe zu wehren: Thailand (damals hieß es noch Siam) und Vietnam besetzten Teile des Landes. Die zu Hilfe gerufenen Franzosen beherrschten anschließend, ab 1863, selber das Land, später die Japaner und noch später wieder die Vietnamesen. Im Krieg zwischen Nord- und Südvietnam (ab Mitte der 1960er-Jahre) versteckten sich nordvietnamesische Truppen in Kambodscha. Die Amerikaner, die Südvietnam unterstützten, warfen Bomben auf den kambodschanischen Dschungel, um die nordvietnamesischen Truppen zu vertreiben, trafen aber auch Dörfer und Städte. Hunderttausende Kambodschaner kamen dabei ums Leben.

Am Ende dieses furchtbaren Krieges war Kambodscha so zerbombt und zerstört, dass 1975 eine extreme Partei die Macht ergreifen konnte: die «Roten Khmer». Sie schafften alles Geld ab, vertrieben alle Bewohner der Hauptstadt und jagten sie auf das Land, wo sie gezwungen wurden, Reis und Baumwolle anzubauen, manchmal ohne Werkzeuge und mit bloßen Händen. Viele verhungerten oder verdursteten. Wer zu erschöpft zum Arbeiten war, wurde erschossen. Buddhastatuen wurden zerschlagen, die Tempel in Schweineställe verwandelt, die Mönche und Nonnen vertrieben oder umgebracht. Viele Menschen versuchten zu fliehen, legten sich einen neuen Namen zu und erfanden eine neue Lebensgeschichte, um bei Straßenkontrollen zu überleben. 1979 beendeten einmarschierende vietnamesische Truppen diese Schreckensherrschaft und setzten eine von Vietnam unterstützte neue kambodschanische Regierung ein. Diese konnte jedoch die «Roten Khmer» nicht im ganzen Land besiegen, woraufhin ein Bürgerkrieg in den folgenden Jahren das Land weiter zerstörte.

Erst 1991 beendete eine Friedenstruppe der Vereinten Nationen die über dreißigjährige Kriegszeit und stellte wieder Ordnung her; 1993 wurde zum ersten Mal wieder eine Regierung gewählt. Langsam erholt sich das Land, doch noch immer liegen in Kambodscha gefährliche Reste der Kriegszeit: Minen – mehr, als es Menschen gibt. Sobald jemand auf sie tritt oder sie neugierig in die Hand nehmen will, explodieren sie und reißen dabei leicht eine Hand oder ein Bein ab. Oft sind es Kinder, die ein seltsames Stück Metall entdecken und es aufheben wollen. Große Waldgebiete und frühere Felder können noch immer nicht betreten werden. Damit man sie wieder begehen kann, müssen sie Zentimeter um Zentimeter mit Metallsuchgeräten abgesucht werden und dann mit einer kontrollierten Explosion unschädlich gemacht werden – eine lebensgefährliche Arbeit, bei der ein Mann pro Tag höchstens wenige Quadratmeter entminen kann, manchmal noch viel weniger.

Die Kambodschaner sind froh, dem Schrecken dieser langen Kriege entronnen zu sein. Man sieht so viele frohe und glückliche Gesichter wie kaum irgendwo auf der Welt. Doch der Krieg, die Flucht, das Leben in den Flüchtlingslagern, Hunger und Durst oder einseitiges Essen – alles dies hat die Menschen geschwächt. Sie werden schnell krank, bekommen häufig Erkältungen trotz des heißen Wetters, Tuberkulose, Malaria und verschiedene Fieber. Wer krank wird, hat aber oft kein Geld, um ins Krankenhaus zu gehen; selbst wenn ein kleines Kind krank wird, reicht das Geld nicht. Wer einen Büffel hat, kann ihn verkaufen. Doch womit soll er anschließend die Felder pflügen?

«Wenn die Menschen ihre kranken Kinder ins Krankenhaus bringen sollen, muss die Krankenbehandlung kostenlos sein, sonst kommen sie nicht», überlegte sich der Schweizer Kinderarzt Dr. Beat Richner, als er von der kambodschanischen Regierung aufgefordert wurde, ein Kinderkrankenhaus aufzubauen. Heute leitet er in Phnom Penh und Angkor die vier Kinderkrankenhäuser «Kantha Bopha», die jedes Jahr eine Millionen Kinder kostenlos behandeln und vielen das Leben retten. Die kambodschanische Regierung kann nur einen kleinen Teil der Krankenhauskosten bezahlen, einen anderen kleinen Teil bezahlt die Schweizer Regierung. Den größten Anteil bezahlen viele einzelne liebevolle Menschen in aller Welt – Menschen wie du und ich, die sich freuen, wenn Kinder in Kambodscha gesund werden und wieder lachen!

3. Sri Lanka – die «erhaben leuchtende» Insel

Türkisgrünes Meer mit weißen Schaumkronen, kleine Buchten mit sauberem, hellem Strand, auf dem die Wellen zischelnd auslaufen, eingerahmt von schwarzen Felsen und schlanken, sanft im Wind schwankenden Palmen mit reifen Kokosnüssen, dazu ein Hotel mit weiß uniformierten, freundlich lächelnden Kellnern, die ein köstliches Essen servieren – so etwa stellen uns Plakate und Prospekte von Reisebüros die Insel vor, deren Namen noch einmal so verlockend wie die Bilder klingt: Sri Lanka, wörtlich übersetzt die «erhaben Leuchtende». Und das Erstaunliche ist: An manchen Stellen der Küste Sri Lankas sieht es wirklich so aus – nicht überall, denn an vielen Stellen haben hässliche Betonbauten den Strand verschandelt, aber es gibt solch herrliche Buchten tatsächlich.

Manche Besucher verbringen ihre gesamte Urlaubszeit hier, ohne das Hotelgebäude zu verlassen, und glauben dann, sie hätten Sri Lanka gesehen. Wie aber sieht es abseits des Hotels und des Strandes aus? Wohin geht der freundlich lächelnde Kellner, wenn er seine Arbeit beendet hat und die weiße Uniformjacke ablegt?

Folgen wir ihm einmal auf seinem Weg nach Hause: Er geht zu Fuß und barfuß, denn ein Auto oder auch nur ein Moped kann er sich von seinem Kellnergehalt nicht leisten, nicht einmal Schuhe. Zum Glück muss er nicht so weit gehen: Nach einer Dreiviertelstunde erst über die Schotterstraße, dann einen schmalen Weg unter Papaya- und Mangobäumen entlang erreicht er seine Hütte unter den Mangobäumen, wo er mit seiner Frau, den drei Kindern, der Großmutter und zwei Brüdern lebt.

Sein Vater hat die Hütte aus ungebrannten Ziegeln gebaut und hat

Solche Traumstrände mit weißem Sand und Kokospalmen gibt es tatsächlich an den Küsten Sri Lankas.

den Lehm, den er für die Ziegeln brauchte, in einer Grube hinter dem Haus selbst abgestochen und zu Ziegeln geformt. Lalith selbst, unser Kellner, hat neulich das Dach erneuert und die geflochtenen Kokospalmblätter durch Wellblech ersetzt. Jetzt ist das Dach dicht, und das Regenwasser tropft nicht mehr hindurch. Doch wenn der Monsunregen prasselt, dröhnt es so laut, dass man nichts mehr hört oder versteht. Und wenn die Sonne darauf scheint, heizt sich die Luft in der Hütte seither so stark auf, dass es kaum auszuhalten ist. Vielleicht sind die Palmblätter doch nicht so schlecht gewesen? Lalith setzt sich in seinen alten Korbsessel, in dem er abends gerne dem Sonnenuntergang zusieht – sein einziges Möbelstück.

Seine Frau und die beiden ältesten Kinder sind gerade dabei, die harten, splissigen Kokosfasern auseinanderzuzupfen, um sie später zu groben, rauen Seilen zu drehen – eine Arbeit, bei der die Haut der Hände aufreißt und schmerzt, die aber etwas Geld einbringt, denn die Fischer brauchen Seile für ihre Netze. Manche dieser Seile werden sogar bis nach Europa verkauft: zum Anbinden von Blumen in den Gärten. Die jüngste Tochter ist mit der Großmutter in eine verlassene Kokosplantage gegangen, um alte Kokosnussschalen zu sammeln, mit denen sie Feuer machen und das Abendbrot kochen wollen.

Heute gibt es eine komplette Mahlzeit, denn Lalith hat von seinem letzten Gehalt einen ganzen Sack Reis gekauft. So gibt es heute «Reis und Curry», das sri-lankische Nationalgericht, also zum Reis drei oder vier verschiedene Gemüse, die jeweils in einer anderen scharfen Sauce gekocht werden. Laliths Frau Sanjee (sprich: Sándschi) hat Drachenköpfe,* Ladyfinger** und Stangenbohnen in ihrem eigenen kleinen Gemüsegarten hinter der Hütte angebaut und geerntet. Vielleicht bringen Laliths Brüder, die beiden Fischer, später noch einen Fisch nach Hause – das wäre eine prächtige Mahlzeit!

Die beiden Brüder besitzen zusammen ein eigenes Fischerboot. Sie haben es von Schweizer Spendern geschenkt bekommen, nachdem ihr früheres Boot von der großen Tsunamiwelle im Dezember 2004 an Land geschleudert worden und zerbrochen ist, wie die meisten Fischerboote an ihrer Küste. Ihr Boot ist so schmal, dass sie sich nicht hineinsetzen können; sie stellen die Füße hinein und sitzen auf dem Bootsrand. Ihr früheres Boot war aus einem einzelnen Baumstamm geschnitzt. Das neue wurde in einer ähnlichen Form aus Fiberglas ge-

* *Drachenkopf:* Ein halbmeterlanges, dünnes Gemüse, das an mannshohen Gestellen gezogen wird.

** *Ladyfinger oder Okra:* Mild schmeckendes Gemüse. Die unreif geernteten, grünen Früchte erinnern an lang gestreckte Finger.

Zwei neue Fischerboote aus Fiberglas mit hölzernem Ausleger.

baut. Damit der schmale Bootskörper nicht umkippt, ist er mit einem hölzernen Ausleger versehen, der mit zwei gebogenen Ästen am Boot festgemacht ist.

Das Boot hat sechshundert Euro gekostet. Das scheint nicht viel zu sein, die beiden Fischer hätten es aber niemals bezahlen können. Leider hat es keinen Motor, der wäre noch einmal doppelt so teuer gewesen. Doch dort, wo sie fischen, brauchen sie keinen Motor. Sie rudern nur ein kleines Stück hinter die gewaltig donnernden Brandungswogen mit den weiß gischtenden Schaumkronen. Die sind gefährlich, weil sie leicht das kleine Boot umherwirbeln und umkippen könnten. Die zwei Brüder legen dort, im ruhigeren Wasser, ihre Stellnetze mit den Plastikschwimmern aus. Jeden Morgen holen sie die Netze ein, kontrollieren sie, nehmen die Fische heraus und legen die Netze wieder aus. Am Nachmittag, wenn sie ihre Netze flicken, kommt der Händler mit seinem Lieferwagen, kauft den Fischern die Fische ab und bringt sie auf den nächsten Markt. Heute haben sie ihren Fang für umgerechnet einen Euro verkauft – es gab schon schlechtere Tage – und sogar noch einen Fisch für das Abendessen der Familie übrig behalten und mitgebracht.

Die Fischer, die einen Motor an ihrem Auslegerboot haben, fahren weiter hinaus und legen ihre Netze dort aus, wo größere Fischschwärme entlangziehen. Abends fahren sie ihre Auslegerboote mit Schwung auf den Strand hinauf, wo sie die Nacht über festliegen. Größere Fischtrawler könnten nicht in der kleinen Bucht ankern, dazu ist sie nicht tief genug und voller scharfkantiger Felsen. Die Trawler liegen im Hafen der nächsten Stadt, der mit einer steinernen Mole gegen die Wellen des Indischen Ozeans geschützt ist.

Die Arbeit der Frauen

Sanjee ist für den Haushalt, den Gemüsegarten, die Mangobäume und das kleine Reisfeld zuständig. Schon morgens zum Frühstück kocht sie für die ganze Familie eine warme, salzige Mahlzeit: Stringhoppers, Dahl und Curry, also eine Art Reisnudeln, die wie dünne, durchsichtige Spaghetti aussehen, eine scharfe Linsensauce und Gemüsecurry. Das Wasser, das sie zum Kochen und Waschen braucht, holt sie an der Pumpe, die zehn Minuten weit weg an der Straße liegt. Dort pumpt sie mit dem langen, schwergängigen Pumpenschwengel ihren Krug voll. Der hat dieselbe Form wie die sri-lankischen Krüge seit Jahrhunderten: dick gebaucht mit einem Kragen an der Öffnung. Er ist aber nicht mehr aus schwerem Ton gebrannt, sondern aus leichtem Aluminium gegossen. Trotzdem wiegt der volle Krug zehn Kilogramm und ist, unter den Arm geklemmt, schwer und unbequem zu tragen. Doch Sanjee geht gerne Wasser holen, denn an der Pumpe trifft sie immer andere

Mit Krügen aus Aluminium holen Frauen und Mädchen das Wasser von der Pumpe.

Frauen und Mädchen, mit denen sie sich unterhalten kann. Denn sie hat im Haus so viel Arbeit, dass sie es nur selten verlässt.

Nur abends muss sie noch einmal hinaus, zum Wäschewaschen. In Sri Lanka ist es sehr heiß, oft über 30 Grad; jeder schwitzt, und der ockerfarbene Staub, der auf allen Straßen liegt, klebt auf der verschwitzten Kleidung. Jedes Hemd, jede Hose, jeder Sari – das traditionelle Frauengewand – muss am Abend gewaschen werden. Sanjee geht zum nächsten Fluss, wickelt die Wäsche in ein großes Tuch und schlägt das nasse, schwere Bündel immer wieder auf einen Stein, um den Schmutz zu lösen – harte, anstrengende Arbeit. Doch in den Pausen kann sie sich wieder mit Nachbarinnen unterhalten. Sanjee besitzt zwei Saris: einen, den sie anhat, und einen, den sie wäscht. So trägt sie jeden Tag saubere, frische Kleidung. Oft badet sie zum Schluss selbst auch noch im Fluss, löst ihren kräftigen Zopf und wäscht ihre glänzend-schwarzen, bis zur Hüfte reichenden Haare. Dabei bleibt sie in ein langes Tuch gehüllt, denn anders dürfen Frauen und Mädchen sich beim Baden nicht zeigen.

Trotz der harten Arbeit ist Sanjee glücklich mit ihrer Familie. Manche ihrer Freundinnen sind von ihren Männern verlassen worden und müssen nun zusätzlich zu den Arbeiten in Haus und Garten irgendwo Geld verdienen, um sich selbst und die Kinder zu ernähren. Die meisten von ihnen arbeiten in einer der zahlreichen Textilfabriken, in denen sie für weltbekannte europäische und amerikanische Firmen Outdoor-Jacken und Markenunterwäsche nähen. Sehr konzentriert müssen sie an ihren Maschinen nähen, sonst geht eine Naht schief und sie werden schlechter bezahlt. Am meisten fürchten sie die Qualitätskontrolleurin. Wenn die erscheint, erstirbt jedes Gespräch, und alle zittern innerlich, ob sie etwas zu beanstanden findet.

Schlimm ist es, wenn eine Näherin Malaria hat und mit Fieber im Bett bleiben muss. Solange sie nicht arbeitet, bekommt sie keinen Lohn. Was sollen die Kinder dann essen? Ein Sparkonto hat hier niemand. Oft helfen die Nachbarn im Dorf aus.

Sari

Sari ist das traditionelle, bis zu den Füßen reichende Gewand der Frauen Indiens und Sri Lankas. Ein Sari wird nicht wie ein Kleid genäht, sondern besteht aus einer einzigen, fünf bis sechs Meter langen Stoffbahn. Dieser Stoff wird mit einem Ende mehrfach um die Hüfte geschlungen, manchmal auch gefältelt, und dann von der rechten Hüfte aus diagonal über die Brust auf die linke Schulter geworfen, sodass das letzte Stück frei über den Rücken fällt. Es gibt keine Knöpfe, Haken oder Reißverschlüsse. Oft wird der Sari aber an der Schulter oder an der Hüfte mit Sicherheitsnadeln festgesteckt, damit er nicht wegrutscht. Unter dem Sari sitzt eine feste, kurzärmlige Bluse, die oft den Bauch etwas freilässt, sodass auch in der größten Tropenhitze der Wind etwas kühlen kann.

Es gibt natürlich einfache Alltags- und bunte Festtagssaris, die in leuchtenden Farben – türkis, gelb, orange, rot und vielen anderen Tönen – gewebt sind. Die Sri-Lankarinnen lieben klare, leuchtende Farben. Nur zu den buddhistischen Feiertagen tragen Frauen wie Männer weiße Kleidung. Weiß sind auch die Schuluniformen: weiße Kleider (keine Saris) für die Mädchen und weiße Hemden und Hosen für die Jungen.

Bewässerung

Sanjee ist nicht in Mavella, dem kleinen Dorf an der Südküste Sri Lankas, geboren, sondern im Nordosten der Insel, in der Trockenzone. Dort fällt oft neun Monate im Jahr kein einziger Tropfen Regen, das Wasser ist das ganze Jahr über knapp und reicht oft nicht für den Gemüsegarten aus. Bäume und Sträucher werfen ihre Blätter ab und stehen monatelang dürr und kahl.

Hätten die Singhalesen und Tamilen nicht schon vor mehreren Jahrhunderten begonnen, das Regenwasser während der Regenzeit zu sammeln, so hätte niemand in der Trockenzone leben können. Damals schütteten sie einfache Erddämme von drei oder vier Metern Höhe auf. So staute sich das wenige Regenwasser zu einem breiten, flachen See und bewässerte in der langen Trockenzeit die großen Reisfelder und die Gärten. Stauteiche, die heute angelegt werden, sind größer und tiefer, doch ihr Prinzip ist gleich geblieben.

Nach einigen Jahren verbreiten sich dort Seerosen und Lotos und heben ihre edlen Blüten über die Wasseroberfläche; Fische vermehren sich; Vögel lassen sich auf dem glänzend gewellten Wasserspiegel nieder: Große, weiße Pelikane fangen mit ihrem langen Schnabel und dem elastischen Kehlsack Fische; dazu schwimmt eine Gruppe von

Bewässerungsteiche sind lebensspendend, aber manchmal auch lebensgefährlich!

Pelikanen mit rhythmischen Kopfbewegungen in einem Halbkreis, der immer enger wird und sich endlich ganz schließt. In diesem Moment tauchen alle Pelikane gleichzeitig ihren Kopf in das Wasser und schnappen die zappelnden Fische heraus. Am Ufer stehen große, weiße Silberreiher regungslos im flachen Wasser. Plötzlich stoßen sie mit ihrem spitzen Schnabel zu. Manche Störche aus Europa verbringen den europäischen Winter hier im immer warmen Sri Lanka. Aber auch einheimische Störche, der Wollhalsstorch und der rotköpfige Nimmersatt, picken aus dem Überfluss der Fische und Krebse. Weiße Ibisse mit schwarzem Kopf stochern mit ihrem säbelförmig nach unten gebogenen Schnabel im weichen Schlamm, während die großen, weißen Löffler mit ihrem an ein Salatbesteck erinnernden Schnabel den trüben Teichboden abtasten. Dort, wo Seerosen und Lotos so dicht wachsen, dass die Pelikane, Enten und Gänse nicht mehr hindurchschwimmen können, sitzen bunt gefiederte, zierliche Wasserhühner. Ihre Füße sind fast so groß wie der übrige Körper. Vorsichtig mit ihren langen, bunten

Schwanzfedern immer das Gleichgewicht balancierend, laufen sie über die schwankenden Seerosen- und Lotosblätter.

Mit diesen Bewässerungsteichen haben die Bewohner Sri Lankas also nicht nur Lebensmöglichkeiten für sich selbst geschaffen, sondern auch ein Paradies für Fische und Hunderttausende von Vögeln – eine Leben spendende Oase mitten in einer dürren und lebensfeindlichen Trockenwelt!

Doch Vorsicht! So schön es hier aussieht – baden darf man an dieser Stelle nicht! Was wie ein alter, morscher Baumstamm unter Wasserpflanzen liegt, reißt plötzlich sein gewaltiges, spitzzahniges Maul auf, sodass es bedrohlich fleischrot hervorleuchtet. Krokodile tummeln sich in diesem Paradies, weshalb besonders die Kinder immer ein paar Meter Abstand von den Teichen halten. Denn so träge die gewaltigen Echsen meist liegen, so blitzschnell schwimmen und laufen sie.

Manchmal vermisst Sanjee die großen Stauteiche ihrer Heimat, doch meist ist sie froh, dass sie nach ihrer Hochzeit ihr Dorf verlassen hat, um in das Dorf ihres Mannes zu ziehen, wie dies alle Frauen Sri Lankas tun. Hier in Marvella sorgt der Monsun für eine lange Regenzeit, die Leben spendet. Bäume, Sträucher und Gemüse bekommen das ganze Jahr über genügend Wasser und stehen mit saftig-grünem Laub da. Das Leben ist hier leichter und freudiger – ein wahrer Segen, der vom Himmel fällt!

Einwanderer aus aller Welt

Sanjees Vorname stammt aus dem Singhalesischen, also der Sprache der ersten Einwanderer auf Sri Lanka. Diese kamen zu Lebzeiten Buddhas, im sechsten Jahrhundert vor Christus, von Indien, entdeckten und besiedelten die Insel und gaben ihr den schönen Namen «die erhaben Leuchtende». Sich selbst nannten sie «Singhala», die «Löwenhaften». Die Ureinwohner Sri Lankas, die Veddhas, versteckten sich bei der Ankunft der Singhalesen aus Furcht vor ihnen im Urwald.

Sanjees Nachname hingegen lautet da Silva – portugiesisch für «aus dem Wald», denn einer ihrer Vorfahren war ein portugiesischer Seefahrer, der mit dem Schiff nach Sri Lanka kam und hier blieb. Lalith dagegen hat einen englischen Großvater, durch den er so gut englisch sprechen gelernt hat. Das ist sein Glück, denn nur dadurch kann er als Kellner in dem neuen Hotel auch die ausländischen Gäste bedienen.

Sri Lanka ist von Entdeckern und Eroberern aus vielen Ländern aufgesucht worden. Es liegt nicht weit von Indien im Indischen Ozean und auf dem Seeweg von Europa, Arabien oder Afrika nach China und Japan. Viele Segler ankerten hier unterwegs und versorgten sich mit frischem Wasser und Proviant. Andere kamen als Eroberer: Die Holländer und später die Engländer eroberten bald die offenen, leicht zugänglichen Küstenebenen. Sie zwangen die einheimischen Singhalesen, für sie zu arbeiten. Sie mussten kostbare Edelsteine, blaue Saphire, rote Rubine und grüne Smaragde, aus dem Boden schürfen. Andere mussten im Urwald mit speziellen Messern die Rinde von den Zimtbäumen schälen und trocknen, bis diese sich zu Röhren rollte. Später legten die holländischen Eroberer große Zimtbaumplantagen an der Küste an, in denen die Singhalesen arbeiten mussten, um das kostbare Gewürz zu gewinnen.

Der singhalesische König flüchtete vor den fremden Eindringlingen mitsamt seinem Hofstaat aus der Hauptstadt im eroberten Flachland in das bergige, nur über schmale Urwaldpfade erreichbare Hochland im Zentrum der Insel und gründete dort in den sicheren Bergen eine neue Hauptstadt: Kandy.

Kandy

Alles, was der königliche Palast an Schätzen enthielt, wurde auf Elefanten- und Maultierrücken durch den Bergregenwald nach Kandy gebracht: die üppigen, seidenen Gewänder, in die sich der König und sein Hofstaat hüllten, Gold und Edelsteine und die heiligen, auf Palmblättern geschriebenen Ansprachen Buddhas. Handwerker zogen nach Kandy, um neue Paläste und Tempel zu erbauen, Priester, um die heiligen Handlungen dort auszuführen. Das Wertvollste aber, was nach Kandy gebracht wurde, war ein Teil von Buddha selbst. Schon vor 1700 Jahren hatte eine indische Prinzessin dieses kostbare Stück vor Plünderern gerettet und in ihren Haarlocken versteckt nach Sri Lanka gebracht: einen Zahn von Buddha selbst. In Kandy wurde er von einer goldenen Lotosblüte eingefasst und diese wiederum in sechs gold- und silberbeschlagene Kästchen, immer eines in dem anderen, im Innersten des neu erbauten Tempels verwahrt. Sieben Schlösser sicherten ihn.

Nur einmal in jedem Jahr, zur Zeit des Hochsommer-Vollmondes, wird der heilige Zahn gezeigt. Ein festlich geschmückter Elefant, behängt mit blauseidenen, glänzend-bestickten Decken über dem Rücken, dem Kopf und den Ohren und mit Rdersträußen auf den Ohren, trägt ihn in einem goldenen Gefäß auf seinem Rücken durch das vom Vollmond erleuchtete nächtliche Kandy. Zwei Elefanten begleiten ihn, von ihren Mahouts, den Elefantenwärtern, geführt. Die Mahouts streuen während des ganzen Umzugs Blumen über den Elefantenrücken und das goldene Gefäß. Weitere Elefanten, Trommler und Tänzer ziehen voran – die Elefanten mit glänzenden Decken bedeckt, die Tänzer in weiten, rot-weißen Hosen und mit silbernen Platten und Ketten auf dem bloßen braunen Oberkörper. Die Trommeln dröhnen, dass die Ohren schmerzen; die Tänzer wirbeln und rasen immer schneller und schneller, nass von Schweiß.

Manchmal sind sogar die Tempelwände von Elefantenfiguren gebildet.

Die Perahera, der Festumzug, wird nicht nur vom Vollmond erleuchtet, sondern vor allem von brennenden, halbierten Kokosnüssen, die in eisernen Körben auf langen, roten Stangen als gigantische Fackeln getragen werden. Das Kokosfett und die harten Schalen brennen hell, doch mit dunklem Rauch und sprühend fliegenden Funken. Immer wieder müssen die ausgebrannten, glühenden Kokosnüsse auf dem Boden ausgeklopft und mit Wasser zischend gelöscht sowie neue Kokosnüsse aufgefüllt werden. Die Luft ist erfüllt von dem Knistern und Zischen, den sprühenden Funken, Rauch und Fettgeruch. Peitschenschwinger lassen ihre viele Meter langen Lederpeitschen knallen, Schwerter klirren im Schaukampf gegen Metallschilde. Holzstöcke knallen im schnel-

Silbergeschmückte Tänzer in ihren traditionellen Gewändern bei der nächtlichen Perahera in Kandy.

len Rhythmus gegeneinander und auf die Straße. Schrille Horanewas, eine Art kurzer Oboen, quäken ohrenbetäubend. Niemanden lässt die nächtliche Perahera unbeteiligt. Der Gouverneur von Kandy schreitet würdevoll mitten in dem Festzug einher, in das mächtige, traditionelle Gewand gehüllt und mit seinem großen, vierspitzigen Hut. Er wird von einem Träger begleitet, der einen bestickten, riesigen Schirm über ihn hält – eher als Zeichen der Würde und gegen die fliegenden Funken als gegen mögliche Regentropfen.

Dicht gedrängt stehen die Menschen abends am Straßenrand, viele Familien haben sich schon mittags einen guten Platz gesichert und picknicken dort, bis in der Dunkelheit das Fest beginnt. Aus ganz Sri Lanka sind sie für dieses höchste buddhistische Fest angereist, ja selbst aus Thailand, Indien oder Europa.

◅ *Die heiligste Reliquie, der Zahn Buddhas, wird nur einmal im Jahr, zur Perahera, auf dem Rücken geschmückter Elefanten durch das nächtliche Kandy getragen.*

Auch Lalith und Sanjee hatten sich damals bei einer Perahera kennengelernt, als sie beide aus ihren weit entfernten Dörfern angereist waren. Nur die buddhistischen Mönche bleiben dem lauten Fest fern. Sie finden, dass dieses kämpferische, höllisch laute Spektakel gar nichts mit dem friedliebenden Geist Buddhas zu tun hat. Da haben sie sicher recht. Doch bekräftigen die Trommler, Tänzer und Feuerträger, dass sie bereit sind, Kandy mit kämpferischem Geist und Mut, «löwenhaft», zu verteidigen und die heilige Reliquie zu schützen. Zwölf Tage lang, genauer gesagt zwölf Nächte, dauert dieses Fest. Danach kehren Tänzer, Musiker und Besucher wieder in ihren Alltag zurück. Auch die Festelefanten haben die bestickten Umhänge abgeworfen und ziehen mit ihren Mahouts zurück zu ihren Alltagsarbeiten. Sie müssen den ganzen Weg zu Fuß zurücklegen und sind oft viele Tage unterwegs.

Einige ziehen zurück nach Pinnawela – das ist das große Waisenhaus für Elefanten, wo Elefantenkinder aufgenommen werden, die ihre Mutter und ihre Herde verloren haben. Elefantenwaisen müssten verhungern, wenn sie allein gelassen würden. Hier in Pinnawela bekommen die ganz Kleinen mehrmals täglich eine Nuckelflasche voller Milch in das rosafarbene Elefantenmaul gesteckt – das ist aber wirklich eine riesige, eben eine Elefantennuckelflasche. Die größeren Elefantenkinder lernen allmählich, welche Blätter, welche Baumrinde, welche Samen und Früchte genießbar und wohlschmeckend sind. Sie lernen es von den erwachsenen Elefanten, denn manche Waisenkinder sind schon so lange hier, dass sie erwachsen geworden sind und selbst Kinder bekommen haben. Denen geht es besser, weil sie bei ihrer eigenen Mutter Milch trinken können und von ihr lernen, was ein kleiner Elefant lernen muss. Die vielen verschiedenen Elefantenwaisen, die ihre Familien verloren und in Pinnawela Zuflucht gefunden haben, sind inzwischen zu einer eigenen, neuen Herde zusammengewachsen; die älteste und erfahrenste Elefantenkuh geht stets voran, andere erfahrene

In Pinnawela bekommen verwaiste Elefantenkinder eine neue, große Familie, die sich um sie sorgt und sie schützt.

Elefantenmütter kümmern sich um die neu dazugekommenen Kleinen. Nur die Elefantenbullen halten sich immer ein wenig abseits am Rande der Herde. Zweimal am Tag darf die ganze Herde zum nächsten Fluss ziehen, um zu baden. Dort stehen sie dann in der angenehm kühlenden Strömung und prusten sich mit dem Rüssel Wasser über den Rücken. Die Kleinen planschen und quietschen ausgelassen. Auf der anderen Flussseite wälzen sie sich genießerisch im braunen Schlamm und blasen sich anschließend trockenen Staub darüber – eine Art Hautcreme für die empfindliche Elefantenhaut und außerdem ein guter Schutz gegen lästige Fliegen, Mücken und Bremsen.

Die menschlichen Festbesucher besteigen am Ende des Perahera-Festes die Überlandbusse, die in alle Teile der Insel fahren. Jetzt, am

Ende der Perahera, sind die alten, klapprigen Busse noch überfüllter als sonst. Dicht gedrängt sitzen Lalith und Sanjee auf ihren schmalen, harten Sitzen und versuchen wenigstens die Augen zuzumachen und ein bisschen zu schlafen, denn die elf Stunden dauernde Fahrt strengt an: Der Bus schwankt und holpert über die löchrigen Straßen, rappelt, klappert und dröhnt. Es ist heiß, alle schwitzen, doch zum Glück stehen alle Fenster offen, um den kühlenden Fahrtwind hereinzulassen.

Im Hochland: Tee und Tamilen

Bald hat der Bus das Hochland von Sri Lanka erreicht. Unter locker belaubten Bäumen mit Kronen wie flache Sonnenschirme, die nur einen lichten Schatten werfen, wachsen leuchtend-grasgrüne Teesträucher – dicht an dicht, ohne Lücken, einer neben dem anderen. In regelmäßigen Abständen führen schmale Wege hindurch. Von hier aus pflücken Frauen die Blätter der Sträucher, immer nur die frischesten und jüngsten: zwei Blätter und die Knospe am Ende des Zweiges. Über ihrem Sari tragen die Frauen oft noch eine Plastikplane, denn hier im Hochland regnet es oft: je höher es liegt, desto öfter. Die Luft ist kühl, und die Frauen würden sich in nasser Kleidung leicht erkälten. Die Blätter sammeln sie in einem großen Korb oder einem Sack. Doch wie sollen sie ihn tragen, wenn sie zum Pflücken immer beide Hände freihaben müssen? Auf dem Rücken als Rucksack? Nein, denn auch die Schulter müssen sie frei bewegen können, wenn sie sich vorbeugen. Abstellen und immer wieder aufnehmen geht auch nicht, denn sie müssen flink pflücken. So schlingen sie einen Lederriemen über den Kopf und tragen den Korb mit der Stirn. Das geht anfangs leicht, doch sobald der Korb sich füllt und schwer wird, schmerzen Nacken und Rücken. Die

Die Teepflückerinnen tragen den Korb mit einem Stirnband.

Frauen brauchen viel Kraft, aber auch viel Geschick und Fingerspitzengefühl, denn die Blätter dürfen nicht abgerissen, sondern müssen mit den Fingernägeln abgekniffen werden.

Ist der Korb voll, so wird er gewogen, und die Blätter werden locker auf ein großes Netz geschüttet. Teeblätter verderben schnell, deshalb werden die Netze sofort in die Fabrik gefahren und noch am selben Tag verarbeitet. Dort werden die Teeblätter auf zwei Meter breite und dreißig Meter lange Tische geschüttet und von unten mit heißer Luft erwärmt. Nach einem halben Tag haben sie so viel Wasser verloren, dass sie welk sind. Dann werden sie in großen Maschinen vorsichtig gedrückt und gerollt, sodass das Blattinnere aufbricht. Dadurch kommt Luft in das Blattinnere, und es beginnt zu gären, zu fermentieren, wie man sagt. So werden die grünen Blätter dunkel, zu «schwarzem» Tee. («Grüner» Tee bleibt unfermentiert.) Die große Halle der Teefabrik duftet dabei wie eine riesige, dampfende Teekanne. Danach muss der

Tee noch getrocknet werden. Von vier Kilogramm frischen Teeblättern ist dann nur noch ein Kilogramm fertiger Tee übrig.

Die englischen Kolonialherren hatten im 19. Jahrhundert begonnen, Teesträucher anzupflanzen. Damals hieß die Insel noch Ceylon. Da der Tee ausgezeichnet schmeckte, besonders der aus den höchsten, regenreichsten Lagen, wurde Ceylon-Tee bald weltberühmt. Als die Insel 1972 von England unabhängig und ein eigener Staat wurde, erhielt sie wieder ihren uralten Namen Sri Lanka. Doch der Ceylon-Tee behielt seinen guten Namen.

Tee anzubauen, zu pflücken und zu verarbeiten ist sehr viel Arbeit für viele Menschen. Als die Engländer die Teeplantagen anlegten, wollte keiner der einheimischen Singhalesen diese anstrengende Arbeit in dem kühlen, feuchten und fernab jeder Stadt gelegenen Hochland übernehmen. Die Engländer fragten daher in Südindien nach Arbeitern. Und schließlich kamen viele Tausende südindischer Tamilen als Gastarbeiter in die neuen Teeplantagen. Als später Sri Lanka unabhängig wurde, galten die Tamilen nicht als sri-lankische Bürger, was diese sehr empörte – lebten und arbeiteten sie doch oft schon seit drei oder vier Generationen hier. Einige Tamilen fühlten sich dadurch so zurückgewiesen, dass sie seither versuchen, einen zweiten Staat nur für Tamilen auf der Insel zu errichten. Dafür haben sie einen Bürgerkrieg begonnen, der schon viele Menschen das Leben gekostet hat.

Viele Tamilen sprechen nicht singhalesisch, viele Singhalesen nicht tamilisch – das macht jedes Gespräch schwierig. Doch eigentlich ist Sri Lanka ja eine Insel, auf die nicht nur die Tamilen, sondern auch Portugiesen, Holländer, Araber und Engländer eingewandert sind. Ja, selbst die Singhalesen kamen vor 2500 Jahren als nordindische Einwanderer. Trotz verschiedener Herkunft und unterschiedlicher Sprachen haben sie eine gemeinsame Kultur geschaffen. Sollten da nicht auch Singhalesen und Tamilen friedlich zusammenleben können?

4. Japan – wo die Sonne ihre Wurzeln hat

Europa ist von seiner Kultur her ein eigenständiger Kontinent; es ist anders als alle übrigen Erdteile. Als Landfläche aber ist Europa nur ein kleines Anhängsel im äußersten westlichen Zipfel Asiens. Europa reicht nach Osten über Moskau hinaus bis zum Gebirgszug des Ural. Dahinter kann man tagelang nach Osten reisen, ohne dass sich der Anblick verändert: Dort erstrecken sich die sibirische Taiga und die Steppengebiete. Durchgehende Straßen gibt es nicht; nur die Transsibirische Eisenbahn durchquert Sibirien bis zum Meer. Es dauert sieben Tage und Nächte ununterbrochener Fahrt, um von Moskau bis ganz in den Osten Sibiriens, also den Osten Asiens, zu gelangen, denn Asien ist der größte aller Kontinente. Schaut man von dort aus noch weiter nach Osten, so sieht man nur Meer – den Pazifischen oder Stillen Ozean. Doch halt! Ein lang gestreckter Bogen kleinerer und größerer Inseln liegt noch außerhalb der Sichtweite, noch östlich der östlichen sibirischen Küste: die vier japanischen Hauptinseln Hokkaido, Honshu, Kyushu und Shikoku sowie über dreitausend kleinere Inseln. Das ist Japan. Erst von Japan aus gleitet der Blick ungehindert nach Osten über die endlose Wasserfläche des Stillen Ozeans, bis dorthin, wo die Sonne aus dem scheinbar unendlich weiten Meer auftaucht. Nippon (sprich: Nihón) nennen die Japaner ihr Land. Das heißt wörtlich: das Land, in dem die Sonne ihre Wurzeln hat, oder das Land der aufgehenden Sonne.

Manche der Inseln gehörten ursprünglich zum asiatischen Festland, sind aber durch unterirdische Kräfte heftig gedrückt, geschoben und zerbrochen worden. Sie sind durchsetzt von Vulkanen, die aus der Tiefe des Meeresgrundes gewachsen sind, bis sie weit über die Wasseroberfläche hinausragten. In Japan gibt es über zweihundertvierzig Vulkane,

In der Altstadt von Kyoto sind die Häuser klein und die Gassen sind sehr eng.

von denen achtundfünfzig noch aktiv sind und immer wieder ausbrechen. Über zweihundertmal im Monat bebt die Erde und hat schon ganze Stadtteile oder gar Städte zerstört.

Wer zum ersten Mal nach Japan kommt, wird erstaunt sein, wie friedlich und schön die japanische Landschaft erscheint: das frische Grün der Reisfelder, das zarte Rosa der berühmten japanischen Kirschblüten vor einem kühl-blauen Himmel oder der perfekt geformte, von Schnee bedeckte Gipfel des heiligen Berges Fujiyama (in Japan heißt er Fujisan: «der Fuji-Berg»), der wie eine weiße Krone von weither sichtbar über Japan zu schweben scheint. Aber unter all dieser Schönheit ruhen gewaltige zerstörerische Kräfte, die jederzeit erwachen und mit aller Wucht ausbrechen können. Jeder Japaner weiß das.

Die Quellen in den Vulkangebieten sind so heiß, dass das Wasser dampft und in einem Korb Eier gekocht werden.

Die Vulkane ragen oft steil empor. Viele sind nur schwer zu besteigen. Auch die anderen Gebirge sind oft unzugänglich und unbewohnbar. Wegen der dort häufigeren Erdbeben können an vielen Stellen gar keine Häuser stehen. Flache Becken, in denen man bequem und sicher Häuser bauen und bewohnen kann, gibt es nur wenige: entlang der Küsten und vor allem in den beiden Buchten von Tokio-Yokohama und Kyoto-Osaka. Japans Inseln sind über eine enorme Länge hin verteilt – der nördlichste und der südlichste Zipfel der Inseln liegen mehr als 2500 Kilometer voneinander entfernt, so weit wie London von Athen. Trotzdem können die 127 Millionen Japaner (mehr Einwohner als in Deutschland, der Schweiz, Österreich, Dänemark, Schweden, Norwegen und Finnland zusammen) nur in einem

In Tokio grenzen moderne Wolkenkratzer an alte Holzhäuser.

Fünftel ihres Landes Städte bauen: einer sehr kleinen Fläche, nicht viel größer als Bayern.

Kein Wunder, dass die Wohnungen und Häuser viel kleiner als in Europa sind und dichter beieinanderstehen, dass die Straßen enger und schmaler sind und keine Bürgersteige haben und dass die Hochhäuser in den Städten immer höher gebaut werden, um den wenigen Platz besonders sparsam auszunutzen. Kein Wunder, dass es in den wenigen Parks in Tokio keine weitläufigen und platzverschwendenden Wiesen gibt, nur sorgfältig gestutzte Bäume, Steine, Bäche und Teiche. Doch die Japaner mögen es so. Sie scheinen eine Vorliebe für alles Kleine, genau Bearbeitete und sorgfältig Gestaltete zu haben. Eine ihrer berühmtesten Gartenkünste ist *Bonsai*: Ein Baum, der zwanzig oder dreißig

Meter hoch wachsen würde, wird so behandelt, dass er nur einen oder gar nur einen halben Meter erreicht. Dabei soll der Miniaturbaum, der Bonsai, immer noch genauso wie sein großes Vorbild aussehen. Manche Bonsais sind schon mehrere hundert Jahre alt und sind seither täglich gepflegt, gegossen, gedüngt, beschnitten und in Form gebogen worden. Zur Zeit der ersten Bonsais gab es in Japan viel weniger Menschen als heute; man lebte lange nicht so dicht gedrängt wie jetzt. Und doch war die Miniaturisierung von Bäumen schon damals eine hoch geschätzte Kunst.

Die Küstenstreifen und Becken, in denen die meisten Menschen leben, sind durch Wälder und Gebirge voneinander getrennt und waren jahrhundertelang nur über schmale Saumpfade miteinander verbunden. Man brauchte viele Tagesreisen, um in die nächste Stadt zu gelangen. Die Bewohner einer Stadt lebten sehr isoliert und hörten vom übrigen Japan und der übrigen Welt meist nur wenig. Erst im 20. Jahrhundert begann man, Tunnel für Straßen und Eisenbahnen zu bauen. Heute durchqueren Japan die schnellsten und komfortabelsten Hochgeschwindigkeitszüge, die *Shinkansen*, die jede Stadt der Hauptinseln in weniger als einem Tag erreichbar machen. Von Tokio nach Kyoto waren es im 19. Jahrhundert noch dreißig Tagesreisen – heute braucht der Shinkansen nur noch fünf Stunden.

Jahreszeiten

In Japan gibt es vier Jahreszeiten, wie in Europa auch. Doch sie sind deutlicher unterschieden: Während bei uns ein warmer Frühlingstag schon fast ein Sommertag ist oder ein kühler, verregneter Sommertag dem Herbst ähnelt, gibt es in Japan keine Verwechslungen. Die *Winter*

Während der «goldenen Woche» besuchen viele Japaner die berühmtesten Sehenswürdigkeiten, hier den goldenen Tempel in Kyoto.

sind in Zentral- und Südjapan kühl und regnerisch, im Norden aber kalt und schneereich. Auf der nördlichen Insel Hokkaido feiert man jedes Jahr ein Schneefest, bei dem nicht Schneemänner, sondern in tagelanger Arbeit riesige Bauten, Schlösser und Burgen aus Schnee gebaut werden. Die besten werden prämiert.

Der *Frühling* verändert das ganze Land: An den Kirschbäumen brechen die Knospen auf und verwandeln die kahlen Bäume in karminrosafarbene Blütenwolken. Es gibt viele Hunderte verschiedene Sorten von japanischen Kirschbäumen, von denen viele später gar keine Früchte tragen. Nur ihrer zarten Schönheit wegen werden sie gezüchtet und angepflanzt. «Sakura», das Kirschblütenfest, ist das schönste Ereignis im Frühjahr. Nachmittags und abends nach der Arbeit treffen sich Familien und Arbeitskollegen in den Parks und breiten Decken und Picknick unter den blühenden Kirschbäumen aus. An Sonntagen ist manchmal kein einziges Plätzchen mehr frei, selbst wenn es gelegentlich noch kühl und nieselig sein kann.

Der angenehmste Monat ist der Mai, wenn das frisch austreibende Laub der Bäume alles zartgrün färbt. In der «goldenen Woche» schließen alle Schulen und viele Firmen. Man fährt aufs Land, in die Berge, besucht entfernter wohnende Familienangehörige oder reist zu bekannten Tempeln. Ganz Japan scheint unterwegs zu sein und sich an der milden Maiwärme zu freuen.

Im *Sommer* steigert sich dagegen die Hitze oft auf über 30 °C, und es kühlt auch in den Nächten, besonders in den Städten, nur noch wenig ab. Die feuchte, schwüle Hitze strengt an, sodass niemand gerne größere Reisen unternimmt. Vor der stechenden Sonne schützen Japaner ihre helle und sonnenempfindliche Haut gerne mit einem Sonnenschirm und weißen Handschuhen. Im Spätsommer bringt die Hitze auch Taifune, also gewaltige Wirbelstürme, die vom warmen Pazifischen Ozean her mit zerstörerischer Kraft auf die japanischen Inseln wirbeln. Sie decken Hausdächer ab, entwurzeln Bäume oder überschwemmen mit ihren Wassermassen ganze Stadtviertel.

Bis in den *Herbst* hinein erscheinen immer wieder Taifune. Doch dazwischen sind die Herbsttage mild und angenehm. An den berühmten japanischen Ahornbäumen verfärben sich die zierlichen, fiederartig gespreizten Blätter leuchtend dunkelrot. Sie sind ebenso schön und werden ebenso bewundert, besucht und fotografiert wie die Kirschblüten im Frühling.

Die Jahreszeiten beginnen in einem so weit nach Norden und nach Süden reichenden Land natürlich nicht überall gleichzeitig, sondern wandern allmählich über die Inseln. Die Wanderung des Kirschblütenbeginnes von Süden nach Norden wird über mehrere Wochen lang jeden Tag im Fernsehen auf Karten ausführlich dargestellt.

Diese Besonderheiten des japanischen Klimas hängen damit zusammen, dass Japan von zwei Meeresströmungen umflossen wird: dem warmen Kuro-shio aus dem Süden und dem kalten Oya-shio aus dem Norden. Die beiden treffen in der Höhe von Japan zusammen. Im Winter fließt aber der kalte Oya-shio stärker und weiter nach Süden, verstärkt also die Winterkälte. Im Sommer fließt der warme Kuro-shio stärker und weiter nach Norden und verstärkt die sommerliche Hitze. Während die meisten Meeresströmungen der Welt die Gegensätze von Jahreszeiten ausgleichen und abmildern, verstärken diese beiden sogar die Unterschiede der japanischen Jahreszeiten.

Die Anfänge

Steinäxte, Steinklingen und Faustkeile hat man an vielen Stellen in Japan gefunden und hat ihr Alter bestimmen können. Sie zeigen uns, dass die japanischen Inseln schon seit Zehntausenden von Jahren von Menschen bewohnt werden. Woher kamen diese frühen Menschen? Die meisten waren von weither, aus Zentralasien, eingewandert; ihre Sprache war mit der türkischen und mongolischen verwandt. Auch andere Völker kamen auf die Inseln: solche, die sich wie die bärtigen Ainu von den übrigen getrennt hielten und sich immer mehr zurückzogen, und solche wie die Koreaner und Südostasiaten, die sich mit Ainu vermischten und zu den «Ur-Japanern» wurden.

Was noch vor dieser Zeit lag, erzählen heute nur noch die alten japanischen Dichtungen von der Entstehung Japans: Das Götterpaar Izanagi und Izamani erschuf zuerst die Inseln, Berge, Bäume, Tiere sowie fünfunddreißig weitere Götter und endlich die Menschen. Der japanische Kaiser, der *Tenno*, gilt deshalb auch heute noch als direkter Nachfahre des Schöpfergötterpaares.

Ein roter Tori begrenzt einen heiligen Bezirk. Im Hintergrund «schwebt» der Gipfel des Fuji-san über den Wolken.

Shintoismus

Die Berge, Inseln, Seen, Bäume und Steine wurden der Wohnsitz der fünfunddreißig unteren Götter. Ursprünglich war daher die gesamte Natur heilig und wurde verehrt. Später umgrenzte man mit einem Seil aus Reisstroh einen besonderen heiligen Bezirk und setzte einen leuchtend orangeroten Torbogen, den *Tori*, als Eingangstor davor. Im Inneren baute man Holzhäuser, Schreine, in denen man den Göttern opfern und zu ihnen beten konnte. Dieser Religion, dem Shintoismus, gehören alle Japaner ab ihrer Geburt an.

Überall im Land gibt es solche Heiligtümer, mit oder ohne Schreine. Manche sind so groß wie der Gipfel des heiligen Berges Fuji-san, den je-

Die Schöpfkellen aus Bambus liegen am Brunnen bereit für die Pilger, die sich reinigen wollen, bevor sie das Tempelgelände betreten.

der Japaner in seinem Leben einmal bestiegen haben sollte. Andere umfassen nur einen einzigen Baum und einen winzigen Schrein, der aussieht, als wäre er für Puppen oder Zwerge eingerichtet. Der *Ise-Schrein* ist der älteste Shinto-Schrein. Er wird von neun mannsdicken Zedernstämmen gestützt und getragen. Sein Dach ist ganz mit Reisstroh gedeckt und wird von dicken, gekreuzt auf dem First aufliegenden Holzstangen beschwert. Der Ise-Schrein steht an einem Fluss mit großen, glatten Kieselsteinen, eingerahmt von hoch aufstrebenden, dunkelgrünen Zedern. Alle zwanzig Jahre reißen die Priester den Schrein ab, um das Heiligtum völlig zu reinigen. Dann wird er daneben aus neuen Stämmen und Hölzern neu aufgebaut. Reinigung und Sauberkeit sind für den Shintoismus ganz wichtig. Zu jedem Schrein gehört deshalb auch ein Wasserbecken, oft nur eine Vertiefung in einem besonders schönen, bemoosten Stein, auf dem eine Schöpfkelle aus Bambus liegt. Jeder Pilger gießt sich mit der Kelle Wasser über seine Hände, um sich symbolisch zu reinigen, bevor er das Heiligtum betritt.

Buddhismus

Die Lehre Buddhas erreichte Japan erst tausend Jahre nach Eingang Buddhas in das Nirwana und verbreitete sich in weiten Teilen des Landes. Noch einmal zweihundert Jahre später, im Jahre 740, beschloss der Tenno, seinem buddhistischen Glauben einen Ausdruck zu verleihen, den jeder sehen könne. Er verkündete in der damaligen Hauptstadt Nara, er wolle eine kolossal große Buddhastatue aus Bronze gießen lassen. Jeder Japaner möge einen Beitrag dazu leisten, und sei dieser auch noch so gering. Zuerst bauten die Handwerker das Innere der künftigen Statue aus Ton: 16,2 Meter hoch, so groß wie ein Haus mit fünf Stockwerken. Sechs Jahre brauchten sie dafür. Anschließend plastizierten sie um diese innere Form eine äußere Form in mehreren Teilstücken, ebenfalls aus Ton und direkt an die innere anliegend. Dann schabten sie von der inneren Form wiederum so viel Ton ab, wie die Bronzewand später dick werden sollte, nur wenige Millimeter. Das dauerte ein weiteres Jahr. Ringsum wurden nun große Öfen errichtet, in denen man 437 Tonnen Kupfer und Zinn zu Bronze schmolz. Die rot glühende, flüssige Bronze goss man dann in den Spalt zwischen der inneren und der äußeren Tonform. Das war der gefährlichste Moment, wo leicht alles zerreißen und zerplatzen und das glutflüssige Metall umherspritzen konnte. Doch alles ging gut. Fünf weitere Jahre dauerte es, bis man alle Löcher und zu dünnen Stellen nachgeschweißt und die tausend Löckchen gegossen hatte, die an den Buddhakopf angelötet wurden.

Zwölf Jahre nach Beginn wurde Daibutsu, die große Buddhastatue, in einem großen Fest eingeweiht: Ein Mönch, der extra aus Indien angereist war, malte mit einem Pinsel Farbe auf die Bronzeaugen, wodurch der Bronzebuddha erst belebt und beseelt erschien. Eine eigene Tempelhalle, die größte aus Holz gebaute Halle der Welt, wurde zum Schutz des Daibutsu gebaut. Der Todai-ji-Tempel mit dem großen Buddha wurde zu einem Zentrum Japans und des Buddhismus, das noch heute täglich von mehreren tausendend Menschen aufgesucht wird.

Obwohl Shintoismus und Buddhismus zwei verschiedene Religionen sind, passen sie doch gut zusammen. Oft stehen shintoistische Schreine und buddhistische Tempel auf demselben Gelände. Die Gebete des Shintoismus richten sich an die in der Natur lebenden Götter; die Schulung des Buddhismus an das eigene Innere. Auch das Christentum wurde nach anfänglichen Kämpfen in Japan aufgenommen. Eine Japanerin sagte einmal: «Wir werden als Shintoisten geboren, heiraten christlich und sterben als Buddhisten.» Vieles, was in Europa unvereinbar wäre, kann in Japan, ohne sich zu stören, nebeneinanderleben.

Künste

Der Buddhismus übt vor allem die Fähigkeit, sich zu konzentrieren. Dies nahm im japanischen Buddhismus, dem Zen-Buddhismus, eine besonders strenge Form an, aus der spezielle Künste hervorgingen: eine ist die Kunst des Bogenschießens. Dabei lernt der Schüler, wenn er den übermannshohen Langbogen spannt, sich so auf das Ziel zu konzentrieren, dass der Pfeil «wie vom Ziel angezogen» darauf zufliegt.

Eine andere Kunst ist die Tuschmalerei, die – oft nur schwarz-

Eine Blume in einer Vase in einem Schaufenster dieses Restaurants. Japaner lieben die Konzentration auf das Wesentliche.

weiß – lediglich das Wesentlichste ausdrücken will. Die Bilder werden in höchster Konzentration sehr schnell gemalt. Als der Tenno, der japanische Kaiser, auf einer Reise einmal einen Zen-Maler besuchte, bestellte er bei ihm ein Bild eines Hahns. Zwei Jahre später hatte er das Bild noch immer nicht erhalten. Auf der nächsten Reise betrat er wieder das Atelier des Malers und fragte nach dem Bild. Der Maler holte seine Staffelei, Papier und Pinsel hervor und malte mit wenigen Pinselstrichen einen prächtigen Hahn. Verärgert fragte der Kaiser, weshalb er denn zwei Jahre warten musste, wenn das Malen so schnell gehe. Schweigend führte ihn der Maler in den Nebenraum, wo überall auf dem Boden Stapel von Papieren lagen. Auf jedem Blatt war ein Hahn gemalt. «Seit zwei Jahren übe ich täglich, einen Hahn zu malen. Heute ist es mir zum ersten Mal gelungen!»

In der Blumensteckkunst, dem *Ikebana*, geht es nicht darum, große, bunte Sträuße aus möglichst vielen prächtigen Blumen zusammenzubinden. Einzelne, wenige Blüten vor einem interessant gebogenen Ast oder einem großen Blatt sollen den Blick auf das Wesentliche ermöglichen.

Die Kunst der *Teezeremonie* dient nicht dazu, sich bei einer Tasse Tee gut zu unterhalten, sondern dazu, den feinen Duft und Geschmack des Tees, seine grün-goldene Farbe sowie die Schönheit der traditionellen Teeschale genau wahrzunehmen und zu bewundern. Jeder einzelne Handgriff der Teezubereitung ist festgelegt und wird genau eingehalten. Jeder Teilnehmer nimmt die gemeinsame Teeschale, in der der fein gemahlene Tee, das grüne Teepulver, mit einem speziellen Bambusbesen geschlagen worden ist, aufmerksam entgegen, betrachtet sie in Ruhe, nimmt erst dann einen Schluck und reicht die Schale an den nächsten weiter. Jeder sitzt dabei kniend auf seinen flach nach hinten ausgestreckten Füßen. Für Ungeübte ist das anstrengend, aber es lernt sich bald.

Auch die japanischen Kampfsportarten *Judo, Aikido* und *Karate* sowie der japanische Ringkampf leben von der Konzentration. Die schwergewichtigen *Sumo-Ringer* bereiten sich durch monatelanges, hartes Training vor. Bei Beginn des Kampfes kauern sie in dem kleinen, mit Strohseilen abgegrenzten Ring voreinander, stampfen mit den Füßen und konzentrieren sich auf den Gegner. Das kann eine Viertelstunde lang dauern. Der eigentliche Kampf ist oft in wenigen Sekunden entschieden, wenn einer der beiden aus dem Ring gedrängt oder geworfen worden ist.

Samurai, damals und heute

Ganz anders als diese durch den Buddhismus verfeinerten Künstler waren die *Samurai* des japanischen Mittelalters. Sie waren ungebildete, ungehobelte Kerle, aber mit großem Mut und großer Tapferkeit begabt, die sie besonders in den Kämpfen mit den bärtigen *Ainu* bewiesen hatten. Die rauen Samurai wurden die japanischen «Ritter», die mit ihren beiden in der Gürtelschärpe steckenden Schwertern den Kaiser und seinen Palast bewachten, aber auch reiche Adelsfamilien unter Einsatz ihres Lebens verteidigten. Sie wurden deshalb deren «Zähne und Klauen» genannt. Wenn all ihr Mut und ihre Tapferkeit nicht ausreichten und sie besiegt zu werden drohten, war dies für sie eine solche Schande, dass sie Selbstmord, «Harakiri», begingen. Sie schlitzten und rissen sich mit ihrem Dolch den Bauch auf, die «Mitte der Existenz», und starben unter qualvollen Schmerzen, ohne das Gesicht zu verziehen.

Die Rangabzeichen der Samurai waren ihre Schwerter. Es galt schon als Schande, sein Schwert im Kampf zu verlieren. Die Schwertklingen wurden mit allergrößter Sorgfalt geschmiedet. Oft wurde der glühende Stahl mehrfach gefaltet und dann weiter geschmiedet, bis feinste Klingen aus mehreren Lagen hochfesten Stahls entstanden. Die Schwertklinge sollte so scharf sein, dass, wenn man sie in einen Bach mit darauf schwimmenden Herbstblättern hielt, die dagegen treibenden Blätter fein säuberlich zerschnitten wurden. Auch der Schwertgriff und der Handschutz wurden aus kostbarem Material hergestellt, manchmal vergoldet oder aus Jade geschnitten. Samuraischwerter sowie andere Klingen und Messer werden noch heute von japanischen Handwerkern in kleinen Werkstätten mit größter Genauigkeit geschmiedet.

So sorgfältig und perfekt wie die japanischen Handwerker Schwerter und Messer schmieden, so sorgfältig arbeiten heute auch

Bei einem Samuraischwert wird die Abgrenzung zwischen Schwertklinge und Griff besonders sorgfältig gearbeitet.

die japanischen Industrien. Ob Fahrrad-, Motorrad- oder Autoteile geschmiedet oder gewalzt werden, ob riesige Tankschiffe geschweißt oder Kameras, Videogeräte und Mobiltelefone entwickelt und montiert werden, immer arbeiten Japaner pedantisch genau, damit ihnen kein einziger Fehler unterläuft. In den großen Industriekonzernen arbeitet niemand allein, immer gibt es Arbeitsgruppen von acht bis zwölf Arbeitern, die untereinander beraten, was sie noch besser oder genauer machen könnten. Japan gehört heute mit den Vereinigten Staaten und einigen europäischen Ländern zu den größten und erfolgreichsten Industrienationen.

Als die Zeit der Ritter und Schwertträger zu Ende ging, holte man in Japan die Samurai als Beamte in die Verwaltung und die Ministerien, etwa das Wirtschafts- und das Finanzministerium. Anders als in anderen Ländern, wo Verwaltung und Beamte oft sehr träge und langsam arbeiten, sind die Nachfolger der Samurai, früher wie heute noch, sehr schnell und tüchtig. Sie arbeiten hart, oft zwölf oder vierzehn Stunden am Tag, manchmal bis zur Erschöpfung, und machen nur wenige Tage im Jahr Ferien. Man könnte sagen, die Samurai verteidigen heute mit Papier und Computer die japanische Wirtschaft, so wie ihre Vorfahren mit dem Schwert die japanischen Adelshäuser verteidigt haben.

Die Entdeckung Japans

Als die ersten Händler aus Portugal, Spanien, Holland und England nach Japan kamen und ihre mitgebrachten Waren gegen japanische eintauschen und handeln wollten, stellten sie fest, dass die Japaner eigentlich gar nichts brauchten. Sie hatten bereits alles Lebensnotwendige: Reis, Fisch, Gemüse, Meeresfrüchte, Bambus und Holz für ihre eleganten Holzhäuser und die schnellen Holzschiffe.

Später, im 17. Jahrhundert, verboten die Japaner sogar den Handel der japanischen Bevölkerung mit allen übrigen Ländern der Welt. Erst 1854 zwang eine bewaffnete amerikanische Flotte Japan, seine Häfen wieder zu öffnen. Der Kaiser Meiji (sprich: Méji) ordnete im gleichen Zuge an, das Land nach westlichem Vorbild zu modernisieren und Industrien wie in Europa und Amerika aufzubauen. So wurde Japan in kurzer Zeit ein Industrieland. Für die neuen Industrien fehlten jedoch sehr viele Stoffe, die vorher nicht nötig gewesen waren: Eisen, Kohle, Erdöl, Aluminium und auch Baumwolle. Japan besaß nur sehr wenige solcher Bodenschätze und musste jetzt alle einführen. Das ist umständlich und teuer. Nichts von diesen teuren Stoffen durfte daher verschwendet werden. Und da die japanischen Handwerker schon immer sehr sorgfältig und pedantisch genau arbeiteten, gelang ihnen das auch gut.

Japanischer Alltag

Wie baut und wohnt man in einem Land, in dem die Erde unruhig grollt, häufig spürbar bebt und sich immer wieder einmal so heftig schüttelt, dass Häuser zusammenstürzen? Gewiss wird niemand ein solides Steinhaus bauen wollen, dessen Steinquader bei einem Erdbeben herabstürzen und die Bewohner erschlagen würden!

Früher waren alle japanischen Häuser aus Holz gebaut, aber nicht wie ein Blockhaus aus massiven, übereinander gestapelten Baumstämmen. Das wäre immer noch zu gefährlich gewesen. Leichtes, sorgfältig gehobeltes Kiefernholz bildet die Eckpfosten. Das zwischen ihnen eingehängte Holz ist dünner und noch leichter. Anstelle von Glasfenstern und schweren Fensterläden verwendete man geöltes Papier, das immer noch Licht hindurchschimmern lässt und natürlich besonders leicht ist. Es war in Schiebetüren eingespannt, die man ganz zur Seite hinwegschieben kann. So öffnet sich der Blick aus dem Haus weit hinein in den eigenen Garten. Auch im Inneren eines traditionellen Hauses verwendet man statt fester Wände nur leicht bewegliche Schiebetüren. Geschlossen teilen diese einen großen Raum in viele kleine; geöffnet entsteht aus allen Räumen des Hauses ein einziger großer.

Heutzutage benutzt man anstelle der Holzpfosten Stahlträger, die fest im Boden verankert werden. Zwischen diesen hängen leichte Wandplatten. Selbst riesige Hochhäuser können nun durch ausgeklügelte Technik so sicher gebaut werden, dass sie auch stärkere Erdbeben überstehen.

Hinter der Eingangstür jedes japanischen Hauses findet man eine Ecke mit einem Schuhregal, wo jeder seine Straßenschuhe auszieht und in bequeme Pantoffeln schlüpft. Dann geht es zwei oder drei Stufen aufwärts, denn der Fußboden liegt nicht auf derselben Höhe

Die Innenwände eines traditionellen japanischen Hauses können verschoben werden. Der Boden ist mit Tatamis ausgelegt.

wie die Straße, sondern etwas erhöht. Für alle Japaner besteht ein sehr großer Unterschied zwischen dem Inneren eines Hauses und dem Draußen – da ist es gut, wenn solch eine Schwelle den Übergang bemerkbar macht: Drinnen im Haus ist man ganz privat. Draußen, besonders bei der Arbeit, kann einen jeder ansprechen, etwas fragen oder gar fordern. Draußen muss man immer höflich und korrekt sein, drinnen stört einen niemand. Draußen ist man aufmerksam und konzentriert, drinnen kann man ganz loslassen und entspannen. Als Erstes nimmt ein Japaner nach einem langen, anstrengenden Schul- oder Arbeitstag ein Bad – nicht um sich zu reinigen, das macht er vorher, sondern um sich in dem sehr heißen Wasser zu entspannen und die Anstrengungen des Tages zu vergessen. Fast jedes Haus verfügt über eine besonders große und tiefe Badewanne, in der immer heißes Wasser steht und nicht abgelassen wird. Wer keine hat, benutzt ein öffentliches Bad. Bei den heißen Quellen der Vulkangebiete gibt es sogar solche unter freiem Himmel.

Die Wohnräume sind mit Matten aus fein geflochtenen Binsen, in denen ein fester Kern aus Reisstroh steckt, ausgelegt. Diese *Tatamis* verströmen einen leichten, aromatischen Duft. Man betritt sie nicht einmal mit Pantoffeln, da die Binsen leicht brechen. Hier läuft man nicht, hier sitzt man und kommt zur Ruhe. Oft stehen keine weiteren Möbel in einem Tatami-Raum außer einem niedrigen Tischchen für den Tee, kaum höher als der Boden selbst. In der flachen Nische des Zimmers hängt vielleicht ein Rollbild mit einer Tuschzeichnung, oder es steht dort ein Ikebana-Blumengesteck. Vielleicht gibt es auch einen kleinen Altar für die Shinto-Götter und für die eigenen Ahnen. Zu den Festeszeiten werden dort besonderer Schmuck und Figuren aufgebaut, etwa winzige Samuraischwerter und -rüstungen zum Fest für die kleinen Jungen.

Es gibt keine Schlafzimmer. Stattdessen holt die Hausfrau abends aus den Schränken die zusammengelegten *Futons* und breitet sie auf den Tatamis aus: weiche Baumwollmatten, auf denen man bequem schläft. Am nächsten Morgen rollt sie die Futons wieder zusammen und verstaut sie in den Schränken. Ein Schlafzimmer würde zu viel Platz wegnehmen. Japanische Wohnungen sind eng, wie japanische Städte.

Oft gibt es keine Heizung in japanischen Wohnungen. Schwere Heizkörper und Warmwasserröhren wären gefährlich für erdbebengefährdete Häuser. Früher wärmte man sich am spärlichen Holzkohlenfeuer in der Küche. Heute gibt es elektrisch beheizbare Decken, die man auf die Tatamis legt, und sogar elektrisch beheizbare Klobrillen. Trotzdem bleiben die Häuser sehr kühl.

In Europa und Amerika leben Menschen oft in Wohngebieten, in denen es außer den Wohnungen nichts anderes gibt: keine Läden, keine Restaurants oder Cafés. Einkaufen kann man hier nicht, sondern muss mit dem Auto weit hinaus in ein Einkaufszentrum fahren. In Japan hingegen ist alles nahe gelegen. Wo Menschen wohnen, gibt es alles, was man täglich braucht: wenigstens einen kleinen Lebensmittelladen, einen Tempel oder einen shintoistischen Schrein, ein traditionelles Restaurant und ein paar Getränkeautomaten, an denen man Grüntee oder gekühltes Wasser ziehen kann. Alles wird peinlich sauber gehalten, nirgends liegt Müll herum, sodass sich jeder gerne in seinem Wohngebiet aufhält. Alles ist leicht und ohne Auto zu erreichen.

Das ist gut so, denn wenn jede Familie ein Auto benutzen würde, wären die engen Straßen und Parkplätze so schnell verstopft, dass niemand mehr fahren könnte. Stattdessen fahren die meisten Japaner mit der U-Bahn oder S-Bahn zur Arbeit, morgens oft zwei Stunden oder mehr. Selbst abends sind Tokios U-Bahnen noch gefüllt mit spät heimkehrenden Angestellten.

Gärten

Der Garten um ein japanisches Haus sieht ganz anders aus als in Europa. Während hier bunte Blumenbeete und englischer Rasen der Stolz des Gärtners sind, gibt es in japanischen Gärten beides nicht. Stattdessen stehen hier Bäume. Da die Gärten aber zu klein für Bäume sind, werden diese jedes Jahr so gestutzt und beschnitten, dass sie niemals ihre natürliche Größe erreichen. Dabei schneidet der Gärtner sie nicht, wie in französischen Schlossgärten, in eine geometrische Pyramiden- oder Kugelform, sondern gibt der Kiefer eine Form, die sie auch natürlicherweise erreichen könnte, wenn sie etwa auf einer Felseninsel wachsen würde, wo die Herbststürme wie Peitschenhiebe herniedergehen und

Aus dem Wohnraum eines traditionellen japanischen Hauses kann man, wenn die dünnen Wände auf die Seite geschoben werden, direkt in den Garten schauen.

wo sie nicht hoch in den Himmel hinaufwächst, sondern ihre Äste nur vorsichtig und geduckt über die Felsklippen schiebt.

Der Weg durch den Garten führt nicht direkt vom Eingangstor auf die Haustür zu, sondern schlängelt sich wie ein Saumpfad durch das Gebirge. Wer abends müde von der Arbeit heimkehrt, sieht viele Ecken seines Gartens, bevor er das Haus erreicht. Es ist wie die Heimkehr auf die eigene Insel.

Die großen Gartenanlagen der Tempel, die öffentlichen Parks oder gar die kaiserlichen Gärten in der alten Kaiserstadt Kyoto bilden ganze Landschaften im Miniaturformat nach: dunkle, ernste Zypressenwälder oder Berghänge mit den eleganten japanischen Ahornbäumen, raue Felsgruppen und Seen, über die sich zierliche Holzbrücken wölben, alles auf engstem Raum. Immer verwendet der Gärtner nur natürliche Materialien: Bambusstäbe, die mit Hanfschnüren zusammengebunden sind, für den Zaun, körnigen Granit für die Steinlaternen, in denen abends eine Kerze brennt, große, flache Kiesel als Trittsteine zwischen dem Moos, Kiefernholz für das Teehaus. Nichts Grelles oder Hässliches beleidigt das Auge.

Manche dieser Gartenanlagen werden seit vielen Jahrhunderten täglich gepflegt und kunstvoll gestaltet, und doch wirken sie frisch und natürlich wie die Natur selbst. Das ist die größte gärtnerische Kunst, die man lernen kann. Die Erzählung eines Teemeisters schildert dies:

Der Teemeister Rikyu hatte seinen Sohn Shoan beauftragt, den Park des Teehauses zu säubern, und beobachtete ihn nun, wie er den Gartenweg fegte. «Das ist noch nicht gut genug», rief er ihm zu, als dieser die Arbeit beendet hatte. Nach einer weiteren Stunde harter Arbeit kam Shoan zu seinem Vater und sagte: «Vater, jetzt ist alles fertig: Ich habe die Trittsteine zum dritten Mal gescheuert, die Steinlaternen geschrubbt und die Bäume kräftig mit Wasser besprengt. Moospolster und Flechten leuchten frisch grün, und auf dem Steinweg liegt kein Blättchen und kein Ästchen.» – «Junger Narr!», schalt ihn der Vater. «So reinigt man doch keinen Park.» Mit diesen Worten trat Rikyu in den Garten und schüttelte an einem jungen Ahornbaum. Die goldenen und purpurroten Blätter segelten herab und lagen nun wie zufällig verstreut auf den dunkelgrünen Moospolstern – schöner als der kostbarste Brokat.

Kleidung

Das traditionelle Kleidungsstück der Japaner ist der *Kimono*. Einfache, dünne Baumwollkimonos, die *Yukata*, tragen Männer wie Frauen wie einen Bademantel vor und nach dem Bad oder im Haus, aber niemals

Mutter und Tochter in traditionellen Kimonos.

öffentlich auf der Straße. Kimonos zum Ausgehen sind, je nach Jahreszeit, aus festerer Baumwolle, Wolle oder Seide gewebt. Ein Kimono ist ähnlich wie ein Bademantel aus einem Stück, aber weiter geschnitten und mit weiten Ärmeln versehen. Der Stoff wird passend zur Jahreszeit ausgesucht: mit Kirschblüten, herbstlichen Chrysanthemen oder winterlichen Kiefernzweigen. Für besonders hohe Festtage, Hochzeit oder Neujahr, gehen die Frauen zum Schneider, um sich einen neuen, aus Seide gewebten und mit Brokatfäden bestickten Kimono nähen zu lassen. Ein sorgfältig genähter, prächtiger Kimono kann mehrere zehntausend Euro kosten. Ein Kimono wird ohne Knöpfe oder Schnallen nur mit einem Gürtel geschlossen. Bei den Seidenkimonos ist dies ein dreißig Zentimeter breites, aus schwerer Brokatseide gewebtes Tuch, der Obi, das zweimal um die Taille geschlungen wird und mit einer breiten Schleife auf dem Rücken geknüpft wird. Der Obi ist oft kunstvoll von Hand bemalt und noch einmal so teuer wie der Kimono selbst.

Vor vierhundert Jahren war der Kimono fast das einzige Kleidungsstück für Männer wie Frauen. Heutzutage tragen japanische Männer nur noch westliche Kleidung, Frauen im Beruf auch. Lediglich zu besonders festlichen Gelegenheiten wird der traditionelle Kimono hervorgeholt.

Japanische Kinder tragen eine Schuluniform. Das kann in den besonders guten und teuren Privatschulen ein dunkler Blazer mit Schulabzeichen, weißem Hemd und dunkler Hose sein, für die Mädchen entsprechend mit Rock und weißen Strümpfen. Andere Schulen schreiben einfache Sweatshirts oder Hemden vor, immer aber in den Farben der jeweiligen Schule. Jedem Schüler sieht man also sofort an, in welche Schule er geht. Viele sind stolz darauf und tragen die Schuluniform auch außerhalb. Andere legen sonntags als Ausgleich die schrillsten und grellsten Fetzen an. An Schultagen braucht jedenfalls niemand zu spät zu kommen, weil er vor seinem Kleiderschrank zu lange überlegt hat, was er denn anziehen könne ...

Auch in den Ministerien und in den meisten Firmen ist vorgeschrieben, in welcher Kleidung die Mitarbeiter zur Arbeit kommen. Geschäftsmänner tragen immer einen dunklen Anzug mit Krawatte und sind deswegen leicht zu erkennen. Da die Kleidung aber natürlich nicht alles sagt, trägt jeder Erwachsene Visitenkarten bei sich, aus denen seine Firma, seine Stellung und Bedeutung ersichtlich wird. Ohne solche Visitenkarten kann ein Gespräch unter Unbekannten gar nicht wirklich beginnen. Denn schon eine einfache Frage wie «Wie geht es Ihnen?» muss ganz anders formuliert werden, je nachdem, ob es sich um einen höher oder niedriger gestellten Mitarbeiter handelt. Selbst für das deutsche Wort «ich» gibt es im Japanischen mehrere verschiedene Worte, je nachdem, ob man «ich als Mann» oder «ich als Frau» sagt, ob man mit Kindern, Familienangehörigen, Vorgesetzten oder gar einem Mitglied der Kaiserfamilie spricht.

Essen

Manch ein europäischer Geschäftsmann, der sich für ein paar Tage in Japan aufhält und nur europäisches Essen gewohnt ist, hat auf seiner Reise Mühe, etwas für seinen Geschmack zu essen zu finden: Es fällt ihm schwer, in einem Restaurant, dessen japanische Schriftzeichen er nicht kennt oder das gar keine Speisekarte besitzt, etwas zu bestellen. Außerdem gibt es die meisten der uns vertrauten Speisen – Brot, Milch und Fleisch – in einem traditionellen japanischen Restaurant gar nicht. Stattdessen stehen auf den Nachbartischen völlig unvertraute, fremd riechende Speisen. Warum? Nun, das Essen eines Landes ist natürlich eine Frage des Geschmacks, aber auch eine Frage, was im Land selbst angebaut werden kann. Das gilt besonders für Inseln wie Japan, von denen aus es recht umständlich war, Lebensmittel einzuführen.

Japans Inseln sind gebirgig; flache Gebiete sind selten und von Städten bebaut. Es gibt keine Wiesen und keinen Platz für Weiden und große Kuhherden, deshalb auch kaum Milch oder Rindfleisch in der japanischen Küche. Das für den menschlichen Körper nötige Eiweiß bekommen die Japaner nicht vom Fleisch, sondern aus dem Meer: Der Oya-shio, die kalte Meeresströmung, wimmelt von riesigen Fischschwärmen. Seit jeher legen die japanischen Fischer ihre Netze rings um die japanischen Inseln aus. Heutzutage fischen die hochmodernen japanischen Fischfangflotten in allen Meeren der Welt. Der Fisch wird meist so frisch angelandet, dass man ihn nicht zu kochen braucht, sondern sogar roh, in dünne Scheiben geschnitten, essen kann: eine besondere Spezialität, vor allem bei dem edlen Thunfisch. Jede Nacht werden in Tokios Fischmarkthallen Tausende großer Thunfische auf Eisblöcken liegend gehandelt und in alle Teile des Landes verkauft.

Eine besondere Spezialität, die es nur in einigen wenigen japanischen Restaurants gibt, ist der Kugelfisch. Der heißt so, weil er seinen eigentlich schmalen Körper sehr schnell mit Wasser aufpumpen kann und dabei immer größer und eben kugelförmig wird. Dabei richten sich die sonst harmlos anliegenden Stacheln in seiner Haut steil und scharfkantig auf, sodass auch ein großer Fisch ihn nicht verschlucken möchte. Der Kugelfisch bildet in speziellen Drüsen eines der stärksten Gifte aus: Wenige Milligramm davon sind tödlich. In Deutschland ist es deshalb verboten, den Kugelfisch einzuführen. Japanische Köche lernen in speziellen Kursen, wie sie diese Drüsen entfernen können, ohne dass das Gift in das Fleisch übergeht.

Manche Fischer legen zahmen Kormoranen, großen, schwarzen Wasservögeln, die für sich selbst Fische fangen, einen Ring um den Hals. So können die Kormorane die Fische zwar fangen, aber nicht verschlucken. Anschließend würgen die Kormorane die unverdauten Fische wieder hervor. Der Tenno wacht darüber, dass solche sehr alten Methoden in Japan nicht aussterben. Deswegen gibt es noch immer einige Fischer, die mit Kormoranen fischen.

Doch im Meer gibt es weit mehr als nur Fische: Krabben, Krebse, Muscheln, verschiedene Tang- und Algenarten. Auf den südlichsten japanischen Inseln, den Okinawa-Inseln, tauchen Frauen in Tauchanzügen, aber ohne Sauerstoffflaschen mehr als zwanzig Meter tief hinab und sammeln in einem Korb ein, was sie dort unten finden. Nach zwei, höchstens drei Minuten müssen sie wieder auftauchen, laden ihren Korb in das dümpelnde Ruderboot und verschwinden wieder im kalten Wasser. Früher ernährten sie sich selbst von den frischen

Meeresfrüchten, da es auf Okinawa kaum etwas anderes gab. Heute verkaufen sie ihren Fang an teure Spezialitätenrestaurants.

Tang und Algen gedeihen auch in eigenen Unterwassergärten. Getrocknete Algen gehören zu vielen japanischen Spezialitäten dazu: Sie umhüllen Sushi-Portiönchen oder frische Krabben. In jedem Laden kann man sie kaufen. Vielleicht ist es auch diese «Kraft des Meeres», die die Menschen auf Okinawa so gesund erhält, denn es gibt viele tausend Menschen auf Okinawa, die über hundert Jahre alt sind. Die meisten sind noch völlig gesund und arbeiten oft noch. Sie selbst sind jedenfalls überzeugt, dass sie ihre Gesundheit dem Meer verdanken – und natürlich der Freundlichkeit und Hilfsbereitschaft ihrer Familien und Nachbarn, die niemanden allein lassen.

Nicht nur für Wiesen und Weiden ist es zu eng in Japan. Auch ausgedehnte Weizen-, Roggen- oder Haferfelder bräuchten zu viel Platz. Diese Getreide stammen ursprünglich aus den Steppengebieten Vorderasiens, wo es im Winter regnet und im Sommer sehr heiß und trocken ist. Die heftigen Sommerregen und Taifune Japans würden die Getreidehalme umbrechen und verfaulen lassen. Der Reis ist das einzige Getreide, das, während es wächst, solche Wassermassen verträgt. Reis wird überall in Japan in kleinen, sorgfältig gepflegten Feldern angebaut und mit Maschinen ausgesät und geerntet. Da ausländischer Reis aus Thailand, China oder Italien viel billiger ist als der japanische, wird er mit hohen Einfuhrzöllen künstlich verteuert. Sonst könnten die japanischen Reisbauern gar keinen Reis mehr verkaufen und müssten ihren Beruf aufgeben.

Die große Sorgfalt der Japaner zeigt sich auch in der Landwirtschaft: Bei allen Apfelbäumen wird jede der noch winzigen Früchte am Baum in eine Papiertüte eingehüllt und zugebunden, damit der reifende Apfel keine Flecken bekommt oder gar angenagt wird. Japanische Äpfel sehen daher perfekt aus. Dies ist natürlich viel Arbeit und entsprechend teuer. Ein einzelner Apfel kostet daher in Japan so viel wie in Europa ein ganzes Kilogramm. Auch für ausländische Äpfel muss man deswegen, wie für viele andere Früchte, hohe Einfuhrzölle bezahlen.

In Japan kann man – ebenso wie in Europa– zu jeder Jahreszeit die verschiedensten Arten von Gemüse kaufen, wenn man sie aus Teilen der Welt einführt, wo sie zu anderen Zeiten reif sind. Dennoch lieben es die Japaner, gerade das zu essen, was genau in dieser Jahreszeit im Land reif wird. Oft werden die Mahlzeiten auch mit einem Hinweis auf die jeweilige Jahreszeit verziert: einer Kirschblüte, einem roten Ahornblatt oder einer runden Scheibe weißen Tofus* – so rund und weiß wie der aufgehende Vollmond. Denn die Mahlzeiten sollen nicht nur der Zunge und dem Gaumen schmecken, sondern auch den Augen. Sie werden immer liebevoll auf dem Teller arrangiert, nicht nur lieblos daraufgeklatscht. Ein fächerförmig aufgeschnittenes Stück Ingwer oder eine in der Mitte platzierte rote Bohne auf einem farblich dazu passenden, lackierten Holzteller oder einer Keramikschale machen aus einem einfachen Essen ein kleines, hübsches Kunstwerk, das man mit Freude zu sich nimmt.

Warum sollte ein Japaner auf ein schön aussehendes, schmackhaftes Essen verzichten, bloß weil er auf Reisen ist? «Bento» hießen ursprünglich glänzend schwarz lackierte Holzkästchen mit Deckel und mehreren Fächern, in denen jeweils ein einzelnes Portiönchen liegt: roher, gebratener oder frittierter Fisch – je nach Jahreszeit ein anderer –, ein Bällchen Reis mit einem Bambusblatt oder etwas Seetang verziert, Waldpilze oder Tofu mit grüner Ingwerpaste, vielleicht noch drei Erbsenschoten darüber drapiert. Das ist nicht viel, aber abwechslungsreich. Und überraschenderweise sättigt es deshalb doch.

Heute heißt «Bento» die Mahlzeit, die sich in einem Kästchen befindet, auch wenn es aus Plastik besteht. Man kann Bentos in jedem Su-

* *Tofu:* Eine Art Quark, der aber, weil es in Japan zu wenig Milch gibt, aus Sojabohnen gewonnen wird.

permarkt und in jedem Bahnhof kaufen. Dort heißen sie «Eki-ben»: «Bahnhofs-Bento». Manche Bahnhöfe sind bekannt für ihre ganz besonders schmackhaften Eki-ben: Das ist für manchen ein Grund, einmal dorthin zu reisen.

Auch andere Spezialitäten, etwa wenn in einer Provinz besonders schmackhafte Aprikosen reifen, sind ein Grund, eine Reise dorthin zu unternehmen. Und in jedem Ausflugsort gibt es große Läden, in denen man Köstlichkeiten kaufen kann, die es nur hier und nirgendwo anders gibt. Das kann die besonders wohlschmeckende Birnensorte in einer der Provinzen sein oder das hauchdünn geschnittene Rindfleisch, das hier manchmal erhältlich ist.

In Japan gibt es also eine unglaubliche Vielfalt verschiedenster Essen. Doch für den Neuling dauert es lange, bis er herausgefunden hat, was ihm schmeckt, wie es heißt und wo man es bekommt.

Zusammenleben

Wenn sich in Deutschland zwei Freunde oder Bekannte nach längerer Zeit wieder treffen, schütteln sie sich zur Begrüßung die Hände oder umarmen sich. In Japan mag man solche überschwänglichen Berührungen nicht, eigentlich mag man gar keine Berührungen. Zur Begrüßung legen beide die Hände auf die Oberschenkel und verneigen sich voreinander umso tiefer, je mehr Respekt der eine dem anderen zollt. (Bei Mitarbeitern einer Firma ist genau festgelegt, wie tief sich jeder vor dem anderen – Lehrling, Abteilungsleiter oder Chef – zu verbeugen hat.)

Bei Einladungen ist es üblich, ein kleines Geschenk mitzubringen. Oft ist es gar nicht so wichtig, was es ist. Doch ist es immer in schönes, glattes Geschenkpapier eingepackt, nicht selten mit Schleife oder anderem Schmuck verziert, manchmal dann noch in einer Schmucktüte überreicht. Die Japaner sind Meister in der Kunst, etwas schön zu verpacken.

In der Familie benimmt sich jeder höflich und respektvoll. Grobheiten oder Beschimpfungen den Eltern oder Geschwistern gegenüber gibt es nicht. Es ist wichtiger, miteinander harmonisch und friedlich zu leben, als unbedingt Recht zu behalten. Lieber hält man sich zurück und spricht über etwas Unangenehmes gar nicht, als dass man sich streitet. In der japanischen Sprache gibt es kein «Nein» – das wäre zu direkt und grob. Wenn jemand «hai», also «ja», sagt, heißt dies aber auch nicht unbedingt, dass er «ja» meint. Es kann heißen: «ich habe dich gehört» oder «ich habe dich verstanden», aber auch «ich habe dich nicht verstanden». Noch schwieriger ist es, wenn jemand «vielleicht» antwortet. Das kann heißen: «vielleicht ja», «vielleicht nein», «möglicherweise» oder auch «bestimmt nicht». Um herauszuhören, was jemand wirklich meint, muss man also nicht nur auf die Worte achten, sondern noch mehr auf den Klang der Stimme.

Japanische Firmen sind für die Mitarbeiter wie eine erweiterte Familie, wenn auch eine sehr große, mit der man abends nach der Arbeit oft noch essen und trinken geht und sich gegenseitig kennenlernt. Jeder arbeitet am nächsten Tag besser und leichter, wenn er seine Kollegen auch persönlich kennt und weiß, dass er sich auf sie verlassen kann.

Harmonie mit der Familie, den Freunden und Kollegen, Harmonie trotz des harten und langen Arbeits- oder Schultages und obwohl es fast keine Ferientage gibt, Harmonie mit den Göttern und der Erde und Harmonie mit sich selbst – das ist der innigste Wunsch der Japaner!

Johannes F. Brakel
Birken, Mohn und Baobab
Ein Streifzug durch die Pflanzenwelt
Verlag Freies Geistesleben

Lauren St John

Die weiße Giraffe
235 Seiten, gebunden
mit Schutzumschlag

Ein Blitz zuckte durch die schwarze Nacht. Martine stockte der Atem: Eine weiße Giraffe stand am Wasserloch und blickte direkt zu ihr hinauf. Während eines Sekundenbruchteils trafen sich ihre Augen – das kleine traurige Mädchen und die zartgliedrige junge Giraffe – und dann wurde es wieder schwarz am Himmel.

«Eine ungewöhnliche Freundschaftsgeschichte zwischen Mensch und (wildem) Tier, die auch eine Ode an Afrika ist.»

1000 und 1 Buch